ALBERTO PERUFFO - LUCA S. CRISTINI

LA BATTAGLIA DI CORTENUOVA
DEL 1237 E LE ULTIME BATTAGLIE DELLA LEGA LOMBARDA

THE BATTLE OF CORTENUOVA - 27 NOVEMBER 1237

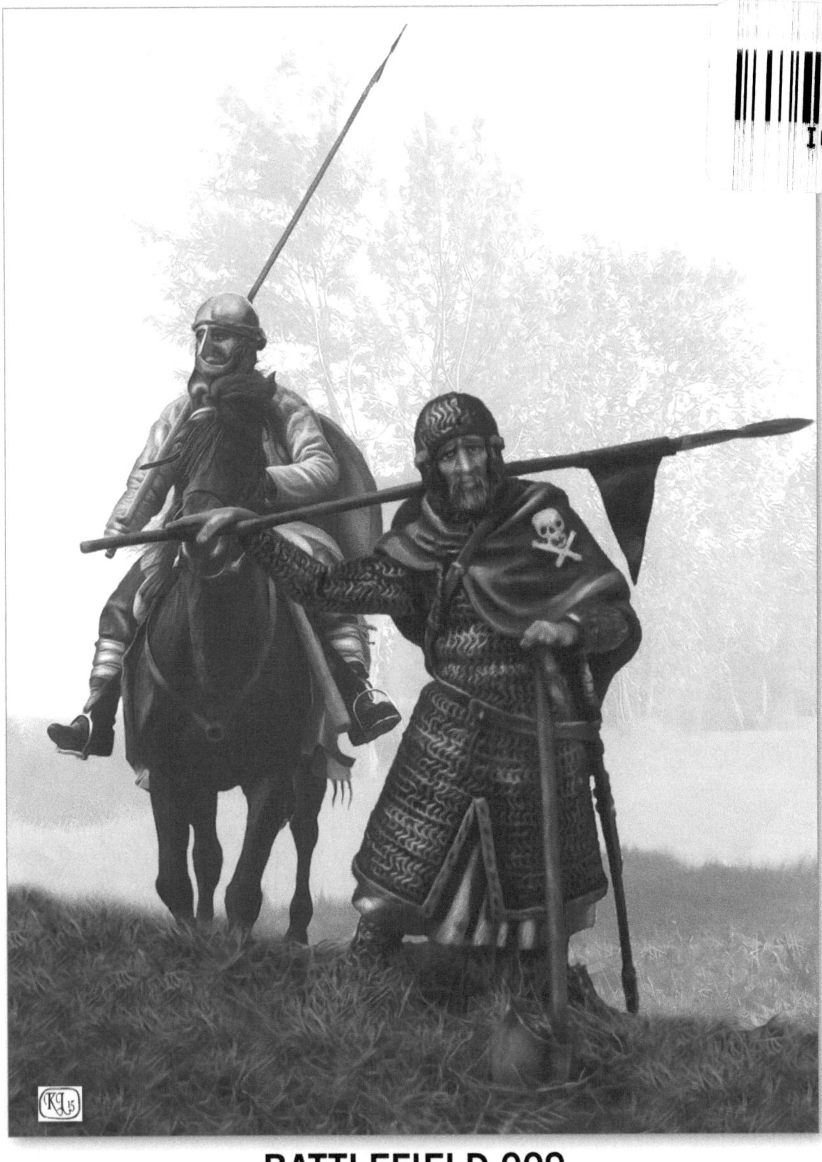

BATTLEFIELD 009

AUTORI - AUTHORS:

Alberto Peruffo, nato a Seregno nel 1968, laureato all'Università degli Studi di Milano. Ha cooperato con la Sovrintendenza archeologica di Milano. Collabora con alcune riviste di storia, insegnante di storia.
Ha pubblicato i seguenti saggi storici: "I corsari del Kaiser" "Marvia editrice", Lega Lombarda 1158 – 1162. La battaglia di Carcano, "Chillemi edizioni", Il trionfo della Lega Lombarda 1174-1176, "Chillemi edizioni", La supremazia di Roma, battaglie dei Cimbri e dei Teutoni, "Keltia editrice", Storia militare degli Ostrogoti, da Teodorico a Totila, "Chillemi edizioni".

Luca Stefano Cristini, bergamasco, appassionato da sempre di storia militare. Dirige da diversi anni riviste nazionali specializzate di carattere storico uniformologico. Ha collaborato con gli editori Albertelli e De Agostini per varie loro pubblicazioni. Ha pubblicato un importante lavoro, su due tomi, dedicato alla guerra dei 30 anni (1618-1648). In questo grande lavoro sulla battaglia di Azincourt ha realizzato tutto l'apparato grafico delle tavole a colori, delle mappe in bianco e nero e dell'araldica. Cristini ha al suo attivo molti titoli delle collane Soldiershop, in parte come autore, in altre come illustratore.

NOTE EDITORIALI - PUBLISHING'S NOTE

Tutto il contenuto dei nostri libri, in qualsiasi forma prodotti (cartacei, elettronici o altro) è copyright di Soldiershop.com. I diritti di traduzione, riproduzione, memorizzazione con qualsiasi mezzo, digitale, fotografico, fotocopie ecc. Sono riservati per tutti i Paesi. Nessuna delle immagini presenti nei nostri libri può essere riprodotta senza il permesso scritto di Soldiershop.com. L'Editore rimane a disposizione degli eventuali aventi diritto per tutte le fonti iconografiche dubbie o non identificate. I marchi Soldiershop Publishing ©, e i nomi delle nostre collane - Soldiers&Weapons, Battlefield, War in Colour, Bookmoon sono di proprietà di Soldiershop.com; di conseguenza qualsiasi uso esterno non è consentito.

None of images or text of our book may be reproduced in any format without the expressed written permission of Soldiershop.com. The publisher remains to disposition of the possible having right for all the doubtful sources images or not identifies. Our trademark: Soldiershop Publishing ©, The names of our series: Soldiers&Weapons, Battlefield, War in colour, Bookmoon etc. are herein © by Soldiershop.com.

BATTLEFIELD

BattleField, è la collana che analizza i campi di battaglia dal punto di vista "oggi e allora" Offrendo prospettive inedite ed interessanti per lo studio degli scontri principali della storia attraverso armi, uniformi e mappe storiche di eserciti e soldati impegnate nelle più famose campagne militari. La collana è caratterizzata da una linea di colore rosso sulla copertina.

RINGRAZIAMENTI E CREDITI FOTOGRAFICI - PHOTOGRAPHIC CREDITS:

Gli autori desiderano ringraziare in particolare Andrea Guerzoni e MILLE&DUECENTO, coordinamento italiano gruppi di *living history e re-enactemnet* del XIII secolo.
Collegati a questa associazione vi sono ben diciotto gruppi diversi. Dai cavalieri del Tau di Altopascio (LU), alla Confraternita dell'Orso di Brescia, agli *Imperiales Friderici II* di Foggia e molti altri. Dalle immagini fornite da questi gruppi sono tratte la gran parte delle tavole uniformologiche riviste in suggestiva resa grafica per inserirle nel giusto contesto dei primi decenni del Milleduecento. Si ringrazia anche Roberto Drago per la fornitura di particolari immagini sui cavalieri del tempo. Infine ringraziamo Aurora Stifano per le traduzioni in inglese e Alberto E. Cantù per le questioni araldiche.

English Text for all the captions at the image in B/W and color plates!

ISBN: 978-88-96519-94-3   1st edition: Febbraio 2015
Title: Battlefield 009 - **La battaglia di Cortenuova del 1237 e Le ultime battaglie della Lega Lombarda** di Alberto Peruffo
Editor: Soldiershop publishing. Cover & Art Design: Luca S. Cristini. Illustrazioni a colori di Luca S.Cristini.

Printing by/Stampato da Cierre Grafica • AA Printing Arts Verona

In copertina : La cavalleria imperiale a Cortenuova
Cover: The Imperial cavalry at Cortenuova.

INTRODUZIONE

La lega è l'insieme di diversi metalli la cui unione crea un nuovo tipo di metallo dalle caratteristiche fisiche meccaniche migliorate. Così la Lega delle città rappresentava un alleanza che, nelle intenzioni, doveva essere salda e inossidabile. In realtà non fu sempre così, vi furono tradimenti e voltafaccia di alcuni comuni durante la lotta con il Barbarossa e, una volta che l'alleanza dei comuni aveva raggiunto, almeno in parte, i suoi obbiettivi, la Lega si sciolse e le alleanze comunali vennero meno. Dopo la pace di Costanza il regno d'Italia visse un periodo di relativa pace. Milano aveva ritrovato il suo ruolo di città egemone riconosciuto dall'impero e, bene o male, anche dagli altri comuni lombardi. L'impero, invece, ebbe l'opportunità di lanciarsi nella conquista del regno di Sicilia, grazie al fortunato matrimonio tra il figlio del Barbarossa, il futuro Enrico VI e Costanza d'Altavilla ereditiera del regno Normanno. Una serie fortunata di eventi permise al figlio del Barbarossa di ereditare la corona dei re Normanni per poi sviluppare una politica d'ampio respiro per portare l'egemonia del Sacro Romano Impero nel cuore del Mediterraneo. La politica imperiale alla fine del 1100 fu concentrata quasi esclusivamente sul regno di Sicilia, dove l'imperatore Enrico VI ottenne grandi successi, riuscendo, per un breve periodo, anche a limitare il potere temporale del papa.

Enrico VI fu un sovrano duro e spietato, si dice che nessuno l'avesse mai visto sorridere. Come tutti gli Staufen fu anche un politico accorto e intelligente. Durante il suo regno l'impero raggiunse il suo massimo splendore andando dai confini con la Danimarca alla Sicilia. La sua autorità era riconosciuta dalla maggior parte dei regni d'Europa, anche il re inglese Riccardo Cuor di Leone fu costretto a dichiararsi vassallo di Enrico. Perfino l'impero d'oriente dovette istituire una tassa come tributo ai Tedeschi, tale era l'influenza di Enrico grazie alla conquista dell'Italia meridionale da cui poteva far pressione su stati e nazioni prima fuori dal controllo dell'impero d'occidente. Anche la Terra Santa ricadde presto nella sfera d'influenza di Enrico, tanto che sarebbe stata totalmente assoggettata se la morte prematura dell'imperatore non avesse bloccato questo ambizioso progetto.

La Sicilia era quindi importante per gli scambi commerciali verso il Mediterraneo e l'oriente, in particolare la Terra Santa. Per questo gli imperatori tedeschi cercarono sempre d'impadronirsi di questa terra, estrema propaggine di un impero che a nord confinava con la Danimarca.

Per il papato era invece importante che il regno di Sicilia e l'impero rimanessero due stati separati in modo che le terre appartenenti allo stato della chiesa come patrimonio di Pietro, non si trovassero accerchiate da un'unica potenza che potesse minacciare l'autonomia del potere temporale del papato.

Con la morte di Enrico VI e la successiva crisi per la successione al trono imperiale il papato riuscì a riottenere il suo primato politico. Sotto Innocenzo III il potere della chiesa raggiunse il suo culmine, grazie anche al periodo di anarchia che viveva l'impero. Il papa riuscì ad essere arbitro nell'elezione del nuovo sovrano, cercando sempre di mantenere separato il regno di Sicilia dall'impero.

Papa Innocenzo III favorì dapprima il guelfo Ottone IV di Brunswick al trono imperiale, aspettandosi che, rispettando le terre dello stato pontificio, non avrebbe avanzato richieste sul regno di Sicilia. Al contrario Ottone IV dopo essere stato incoronato imperatore a Roma nel 1209 si mise subito a reclamare quelle terre, invadendo il regno di Sicilia tra il 1210 e il 1211, incorrendo nella inevitabile scomunica papale. La chiesa a questo punto appoggiò l'ascesa al trono imperiale di uno Staufen: Federico II, figlio di Enrico VI e nipote del Barbarossa. Anche Federico non tarderà a dare dei grattacapi alla chiesa, cosa che ebbe ripercussioni anche nel suo vasto regno. In linea con la politica dei sovrani del XIII secolo, tentò di modernizzare lo stato rendendolo più centralistico andando a scontrarsi con le fiere città lombarde, gelose della loro autonomia. Tutto ciò si innestava su condizioni sociali e politiche diverse da quelle che ebbe a fronteggiare il Barbarossa.

Nel rinnovarsi delle tensioni tra i comuni dell'Italia settentrionale, appoggiate come sempre dal papa, e l'impero si vennero a ricreare le situazioni favorevoli alla rinascita di una nuova alleanza di comuni, nota come Lega di Mosio, che ricalcava gli scopi della Lega Lombarda del giuramento di Pontida contro il Barbarossa. Fu in quel periodo che le lotte tra guelfi e ghibellini raggiunsero il loro apice.

Alberto Peruffo

INDICE - CONTENTS:

Il regno d'Italia nel 1200	Pag. 5
Federico II Imperatore	Pag. 7
La lega lombarda e il comune di Milano	Pag. 13
Gli opposti eserciti	Pag. 17
La guerra tra Lega e Impero	Pag. 27
Cortenuova	Pag. 51
L'assedio di Brescia e fine del sogno imperiale.	Pag. 59
La guerra permanente	Pag. 63
L'eredità della Lega Lombarda	Pag. 67
Note alle tavole	Pag. 69
Bibliografia e Cronologia	Pag. 78

...A mio padre Enzo

IL REGNO D'ITALIA NEL 1200

Gli accordi della pace di Costanza avevano portato sostanziali modifiche all'interno della gestione politica nelle realtà comunali del regno d'Italia. Il potere dell'aristocrazia nell'elezione dei consoli venne ridotto, così come quello delle famiglie nobili all'interno dei grandi comuni. Il magistero del consolato prima di Costanza era un appannaggio esclusivo della nobiltà, successivamente anche i ceti emergenti delle varie corporazioni lavorative, che all'epoca si legavano in confraternite, e le classi popolari poterono entrare in competizione diretta per il potere. L'allargamento ai ceti non nobiliari nella gestione del potere portò ad una aumentata rivalità all'interno dei comuni tra le varie categorie che più si sentivano in grado di governare la propria città. In particolare la corsa ai magisteri più importanti era tra i nobili, a cui tradizionalmente spettavano i ruoli dirigenziali, e i ceti emergenti popolari. Si venne così a generare una spaccatura con il popolo e la nobiltà cittadina composta da piccoli e grandi casate nobiliari che per contrastare la forza del numero e quello di una maggior unità d'intenti delle corporazioni cittadine si appoggiavano al clero.

Questa situazione portò ad una generalizzata instabilità politica all'interno dei vari comuni. A Milano all'inizio del secolo XIII la lotta politica passò allo scontro fisico tra i sostenitori degli uni o degli altri. Fu in quel periodo che incominciarono a diffondersi in Lombardia i termini di guelfi e ghibellini, atti ad indicare due partiti politici. I due termini erano nati in Germania nella prima metà del XII secolo; Welfen (guelfi) indicava la casata della Sassonia in competizione con gli Hohenstaufen, signori del castello di Wibeling (da cui ghibellino).

In genere i guelfi rappresentavano la fazione popolare all'interno di una città e all'inizio del secolo non vi era ancora una distinzione con i guelfi che appoggiavano il papato e i ghibellini come partito filoimperiale.

Nella lotta per la successione al trono imperiale Milano appoggiava il Sassone Ottone IV contro Federico malgrado Ottone fosse stato scomunicato dal papa Innocenzo III che finì per appoggiare Federico. Nel 1212 durante il viaggio che Federico II intraprese per raggiungere dalla Sicilia la Germania, dove sarebbe stato incoronato imperatore, i Milanesi lo ostacolarono in tutti i modi e furono ad un passo dal catturarlo, quando, intento a raggiungere il territorio cremonese da Pavia fu sorpreso da un drappello di cavalieri milanesi lungo le sponde del Lambro. Solo il sacrificio dei soldati pavesi adibiti alla sua scorta permise al futuro imperatore di guadare il

► L'imperatore Enrico VI di Hohenstaufen (Nimega, novembre 1165 – Messina, 28 settembre 1197), padre di Federico II. Il suo carattere duro e spietato con i sudditi del regno di Sicilia gli valsero il soprannome di Ciclope. La morte prematura in Sicilia gli impedirono di realizzare i suo ambiziosi piani politici. (raccolta del codice Manesse, XIII, inizio XIV secolo).

The Empereur Henry IV Von Hohenstauffen (1165-1197), father of Frederick II from the Manessa code of XIV century.

◄ Cavaliere crociato in preghiera. Sono visibili i palmi delle mani protette da uno strato di cuoio invece che dall'armatura e i lacci, sulla tempia, che mantengono in posizione il ventaglio di maglia metallica che protegge il mento. Miniatura coeva.

Crusader knight in prayer. Contemporary British miniature.

fiume a cavallo e mettersi in salvo presso i Cremonesi che lo raggiunsero con una scorta armata sull'altra sponda del Lambro.

Presto, però, con le lotte tra Federico II e il papa questa demarcazione tra guelfi e ghibellini assumerà i tratti famigliari con cui sono passati alla storia, anche se in realtà i partiti e le città appartenenti ad uno o all'altro schieramento portavano avanti interessi locali e personali. Per far fronte all'instabilità politica all'interno dei comuni si decise di ricorrere alla figura podestarile. Il podestà veniva nominato dall'assemblea cittadina, chiamando un cittadino di un comune alleato, si veniva a creare una figura super partes, imparziale ed estraneo alle lotte e agli interessi della città che andava a governare.

Ad esempio alla battaglia di Cortenuova al comando dell'esercito milanese vi era come podestà il figlio del Doge di Venezia. La carica di podestà durava in genere da un anno a sei mesi e ricopriva vasti poteri; da quello legislativo come dirigere i tribunali sino al comando dell'esercito in tempo di guerra. Inoltre per riportare la pace nella città da lui amministrata era investito di poteri straordinari come la facoltà di esiliare dei cittadini turbolenti. Questo magistero andò comunque a discapito delle cariche consolari il cui potere nelle città andò scemando. Inoltre fu il primo passo per l'instaurarsi della signoria che nel '300 prenderà piede nei comuni del regno d'Italia.

Nelle città i podestà di nomina imperiale erano rari, soprattutto nel periodo d'anarchia che si concluse con l'elezione ad imperatore di Federico II. Fino a Cortenuova a fatica il nuovo imperatore riuscì a imporre un podestà imperiale nelle città ghibelline di Vicenza, Padova, Trento e Treviso. Dopo la vittoria imperiale del 1237 molte città, fedeli all'impero, ebbero un podestà nominato dall'imperatore, a volte si trattava di funzionari meridionali della corte federiciana, ma, il malgoverno di quest'ultimi e la cultura diversa da cui provenivano che li etichettava come stranieri, fece presto preferire a Federico funzionari locali di provata fedeltà. La carica podestarile di nomina imperiale seguì comunque le sorti della politica di Federico II, fino a scomparire alla morte dell'imperatore a causa del successivo periodo d'anarchia per la vacanza del trono imperiale. Il fermento politico delle città comunali italiane era intrecciato da una profonda inquietudine religiosa che nella prima metà del '200 si esprimeva nelle sette ereticali e nel fenomeno dei flagellanti che percorrevano in penitenza le strade d'Europa. In Lombardia il movimento ereticale dei Catari, aveva un notevole seguito, tanto che a Milano vi era un importante comunità di tale setta, cosa che durante la guerra tra le Lega Lombarda e l'impero fornirà più di una giustificazione a Federico II per la sua lotta contro Milano, mentre darà un certo imbarazzo al papa di allora Gregorio IX che appoggiava la Lega in modo velato.

Francescani e domenicani ricoprirono un importante ruolo nella politica dei vari comuni in quegl'anni. Per stroncare i movimenti ereticali a Milano venne affidata la dittatura al legato papale Gregorio di Montelongo e, nel 1239, al frate Leone da Perego, che riuscirono con le cattive, ad ottenere la riduzione del fenomeno. L'impegno dei frati non era però limitato alla lotta alle eresie, molti cercavano anche di portare la pace all'interno delle fazioni cittadine e nelle lotte tra città. A fianco a questo si sviluppò un ondata di fanatismo religioso con predicatori che incitavano alla penitenza, tale movimento attivo nei primi anni trenta del '200 in Lombardia fu detto dell'Alleluia. Molti i predicatori che in quel tempo affollavano le piazze delle città predicando la pace come frate Gherardo che riuscì a mettere pace a Modena e Parma o frate Leone che fece lo stesso a Piacenza. Una storia a parte fu quella di Giovanni da Vicenza (o da Schio), agli inizi degli anni trenta del secolo, che dopo aver pacificato con i suoi sermoni la popolazione di Bologna, Padova e molte altre del Triveneto, ottenne di riformare gli statuti di molti comuni per poi avere la dittatura a Verona rimanendo invischiato nelle lotte tra comuni accendendone di nuove per poi finire scacciato da tutti i comuni in cui aveva prestato i suoi servigi. In questo contesto intricato Federico II si trovò ad operare per riaffermare i suoi privilegi di sovrano sul Regno d'Italia.

FEDERICO II IMPERATORE

Poche famiglie come quella degli Hohenstaufen diedero alla storia un così gran numero di re e imperatori che incisero così tanto sulla storia europea, con il Barbarossa anche Federico II fu uno dei più grandi sovrani d'Europa del medioevo. Soprannominato Stupor Mundi (Meraviglia del Mondo) e Puer Apuliae (Fanciullo della Puglia), come tutti gli Staufen fu un fine politico, spietato e intransigente ma il suo carattere era addolcito dal clima cosmopolita di Palermo dove era cresciuto acquisendo lo spirito indagatore che lo caratterizzava, rendendolo edotto nelle scienze e nella teologia, facendogli preferire la fine diplomazia alla forza bruta.

Nato nel 1194 a Jesi, durante la sua infanzia nessuno avrebbe mai scommesso sulla sua possibilità di divenire re di Sicilia o, addirittura, imperatore. Il papa di allora, il grande Innocenzo III, aveva puntato tutto sul Sassone Ottone in cambio della promessa di non unificare l'impero al regno di Sicilia. Quando questa promessa fu infranta dall'imperatore che, appena incoronato a Roma si diede all'invasione dell'Italia meridionale, Innocenzo scomunicò Ottone facendo valere la legittima successione al trono di Federico.

Nel 1212 Federico, dopo un rocambolesco viaggio, raggiunse la Germania dove, grazie all'appoggio papale e più per fortuna che abilità, riuscì ad ottenere la fedeltà delle regioni meridionali tedesche.

Si creò allora una vasta alleanza in una guerra che coinvolse l'Europa occidentale con la Francia di Filippo Augusto che appoggiava Federico contro Ottone, da sempre alleato con i detestati Inglesi. La decisiva battaglia di Bouvines, il 27 luglio 1214, risolse la questione a favore della Francia e, indirettamente, per Federico.

Il forte antagonismo etnico tra le stirpi delle tribù germaniche, presente fino ai giorni nostri (la Germania è una repubblica federale), rese l'inevitabile uscita di scena di Ottone più lunga di quanto la sconfitta di Bouvines e la scomunica avrebbero potuto essere. La lotta si protrasse per alcuni anni con Federico padrone del sud della Germania, appoggiato dagli Svevi della sua stirpe e Ottone sempre più isolato, solo i Sassoni gli rimasero fedeli fino alla sua morte nel 1218.

Federico II fu infine incoronato imperatore ad Aquisgrana il 25 luglio 1215 in una fastosa cerimonia dove di sua spontanea volontà volle prendere la croce per liberare la Terra Santa.

Rimase in Germania fino al 1220. In quel regno Federico II dovette largheggiare in donazioni ai principi feudali, troppi i vincoli di potere per permettere al nuovo imperatore una politica accentratrice dei poteri come avrebbe voluto

► Federico II di Svevia in una miniatura del XIII secolo (Biblioteca Vaticana).
Frederick II of Swabia in a miniature of the thirteenth century (Vatican Library).

◄ L'omicidio di Filippo di Svevia, re di Germania, fratello dell'imperatore Enrico VI. Fu assassinato a Bamberga nel giugno del 1208 dopo che era stato riconosciuto imperatore da papa Innocenzo III.
The assassination of Philip of Swabia, King of Germany, brother of Emperor Henry VI. He was assassinated in Bamberg in June 1208 after he was recognized emperor by Pope Innocent III.

Federico e che, nello stesso periodo, veniva perseguita dai Francesi. Diversamente nell'Italia meridionale, sconvolta da anni d'anarchia e con un popolo disomogeneo Federico II aveva la possibilità di creare un sistema di governo del tutto nuovo, impensabile nel resto del suo vasto regno.

In Sicilia Federico poteva imporre il suo potere assoluto, nel tentativo di creare un popolo nuovo. Per ottenere ciò occorreva una politica dura e intransigente, una politica da tiranno come lo stesso Federico si definiva;" Sicilia mater tyrannorum" rifacendosi ai tiranni delle città greche. Lo Svevo si trovò facilitato nel carattere dei siciliani di cultura assai vicina alla mediorientale, tanto che era in uso la proskýnesis bizantina, la prostrazione davanti ai potenti, abitudine che risaliva ai tempi di

Narsete nel VI secolo, cosa impensabile per Federico nel resto dell'impero. Il regno di Sicilia era quindi per Federico la sua Terra Promessa dove plasmare un popolo fedele che sostituisse l'appoggio della sua stirpe originaria da cui spingersi ad imporre le sue idee politiche al resto dell'impero.

Federico impose quindi un dominio di tipo assolutistico nel regno di Sicilia.

In Germania e nel regno d'Italia erano troppi i centri di poteri con cui confrontarsi per permettere all'imperatore una politica favorevole all'accentramento dei poteri. Nel regno di Sicilia, invece, decenni di guerre civili e d'anarchia avevano reso quelle terre il luogo ideale dove dare una nuova forma allo stato senza essere contrastati da forti antagonisti. Federico per imporre il suo potere prima si appoggiò ai feudatari minori in opposizione ai grandi feudatari come il conte del Molise Tommaso da Celano, tra i più potenti feudatari del regno di Sicilia, muovendogli guerra nella primavera del 1221. Dopo due anni di assedi e scaramucce, costrinse il conte all'esilio. Dopo essersi liberato dei feudatari maggiori Federico si occupò di quelli minori, liberandosi di loro senza neppure la fatica di una guerra. I castelli recuperati all'impero venivano riadattati e rinforzati, evitando di infeudarvi nuove famiglie, dandoli da amministrare a funzionari imperiali, divenendo così fortezze direttamente dipendenti dall'impero. Da questo cambio di gestione si affermò in Germania il nome di kastell a significare una fortezza con compiti esclusivamente militari, affiancandosi al termine di Schloß con il significato di castello dove viveva il feudatario e la sua corte. Molti nuovi castelli vennero così realizzati da Federico nel regno di Sicilia allo scopo di controllare i passaggi strategici del suo regno.

Federico dopo aver ridotto il potere feudale dei baroni tolse i privilegi commerciali che le repubbliche marinare come Genova e Pisa possedevano in Sicilia, imponendo nuove tasse sui commerci marittimi e togliendo ogni favore agli stranieri, andando poi a sostituire i commerci marittimi delle repubbliche marinare con navi mercantili del regno di Sicilia, a cui affiancò presto una flotta da guerra composta da galee. Era dai tempi degli antichi romani che l'erede dell'impero d'occidente non realizzava una flotta nel Mediterraneo.

In Sicilia Federico volle completare l'opera di sottomissione del suo regno attaccando l'enclave mussulmana che si era formata all'interno dell'isola presso Girgenti, popolata da superstiti della strage di mussulmani perpetrata a Palermo nel 1190. Da quella regione i mussulmani si lanciavano in razzie contro i cristiani alimentati anche dall'apporto continuo di immigrati provenienti dalla vicina Tunisia. Federico con una breve guerra annientò l'enclave deportando i mussulmani sul continente a Lucera. La successiva protezione di Federico, che permetteva a queste genti di praticare liberamente la loro religione (a parte una tassa imposta per la tolleranza religiosa), fece si che i soldati mussulmani si tramutassero da nemici a fedeli servitori dell'imperatore, reclutati come guardia del corpo.

Allo scopo di esercitare un controllo più saldo nel regno di Sicilia Federico impose una serie di limitazioni a diverse categorie sociali come attori e giullari, imponendo un distintivo giallo agli ebrei.
Sempre con lo scopo di creare una maggiore unione dei popoli del regno di Sicilia Federico favorì l'uso del volgare.
Alla sua corte Federico II sviluppò una importante cerchia di filosofi e scienziati con cui discutere liberamente dei massimi sistemi. Lo stesso imperatore può essere considerato come un precursore degli umanisti. La sua cultura era fuori dal comune, si diceva che sapesse parlare ben sette lingue. Su insistenze di suo figlio Manfredi l'imperatore compose il suo famoso libro sulla falconeria: "Sull'arte di cacciare con gli uccelli", testo che mantiene ancora oggi la sua importanza nell'ambito della zoologia. Federico scrisse questo trattato di ben sei libri grazie alle sue conoscenze di falconiere, basandosi più sulle informazioni raccolte sul campo piuttosto che affidarsi soltanto ai testi bibliografici preesistenti. Quando per le distanze non poteva ricorrere alla sua esperienza diretta inviava un addetto per sincerarsi chiaramente delle sue tesi ornitologiche. Sviluppò quindi un primo metodo scientifico.

▲ Federico II assiso in trono con la sua corte. (Salerno, Biblioteca Capitolare)

Friedrich II seated on a throne with his court. (Salerno, Chapter Library)

◄ La nascita del futuro imperatore Federico II A Jesi nel 1194 fu caratterizzata da annunci messianici in un clima di forte misticismo. Stralcio dal codice Chigi Biblioteca vaticana.

The birth of the future Emperor Frederick II in Jesi in 1194. Excerpt from the code Chigi Vatican Library.

La passione per la caccia al falcone per Federico era proverbiale, egli cacciava in questo unico modo, disprezzando gli altri sistemi di caccia non ritenuti altrettanto nobili. Nel regno di Sicilia impose per primo le stagioni venatorie dando tempo alla selvaggina di riprendersi. La sconfitta di Parma fu causata, tra l'altro, da questa sua passione per la caccia al falcone.
Fisicamente Federico II era di media statura, robusto con capelli biondo rossicci, di costituzione sana, miope e, secondo la moda dell'epoca, glabro.
La sua cultura enciclopedica non gli impediva di prendere parte alle campagne militari in prima persona, era abituato alle fatiche della guerra fin dalla giovane età, amante della pulizia personale disprezzava ogni lusso, tanto che era uso prendere solo un pasto al giorno. Degli Staufen egli possedeva le stesse qualità militari, sempre in prima linea a combattere insieme agli altri cavalieri, non si sottraeva alle fatiche della guerra. Diversamente dai suoi avi, come il Barbarossa, Federico II non percepiva le armi come un gioco fine a se stesso, egli non favorì mai i tornei cavallereschi, dedicandosi alle contese intellettuali che più lo aggradavano.
Di grande intelligenza politica, in comune con i suoi antenati, era facile all'ira e al desiderio di vendetta. Sotto il suo regno l'Italia meridionale raggiunse il momento di massimo splendore, il suo buon governo rimase ben impresso nel ricordo di quei popoli nei secoli successivi. Per compattare la composita popolazione del regno di Sicilia si mise l'accento sulla comune tradizione, di cui Federico stesso si sentiva di appartenere, facendo leva sulle virtù degli antenati e sulla grandezza della loro civiltà. In tale direzione andavano le leggi che vietavano matrimoni misti tra siciliani e stranieri con lo scopo di rafforzare l'unità del popolo, tra l'altro destando le proteste della chiesa, sempre preoccupata allo svilupparsi delle leggi che Federico promulgava sempre più svincolato dall'autorità ecclesiastica. La dimostrazione del successo dell'azione politica dello Svevo nel compattare il popolo siciliano si ebbe durante i vespri quando i palermitani arrivarono a sventrare le donne incinte di bambini francesi al

▲ Il Tannhäuser, leggendario poeta cortese del XIII secolo in vesti da cavaliere teutonico in un disegno della raccolta del codice Manesse. (codice Manesse, XIII, inizio XIV secolo).

The Tannhäuser, the legendary poet of the thirteenth century in Teutonic knight dress in a drawing of the collection code Manesse. (XIII, XIV century beginning).

▶ Busto di Barletta attribuito a Federico II.
Bust of Barletta attributed to Frederick II.

grido di "morte ai Galli". Nel campo giudiziario l'imperatore favorì il diritto romano, di derivazione giustinianea, a discapito del diritto germanico. Con le costituzioni di Melfi, valide solo per il regno di Sicilia, vennero introdotte una serie di norme relative a garantire uno Stato centralizzato, venero vietate le faide, il giudizio di Dio e quello d'armi, a parte casi particolari. Contemporaneamente si sviluppò l'università di Napoli in modo da ottenere funzionari laici preparati e svincolati dal potere ecclesiastico.

Economicamente Federico impose il dominio dello Stato sui mercati. Sviluppò dazi e dogane sui confini, riducendo contemporaneamente le gabelle di transito imposte dai potentati locali. Stabilì la rotazione annuale dei mercati nel territorio del regno di Sicilia imponendo un regime di monopolio di Stato per vari prodotti; dal sale, all'acciaio, alla canapa.

Le imposizioni delle imposte dirette (colletta), così come le operazioni finanziarie non erano ancora quelle di uno Stato moderno ma rispecchiavano le esigenze del tempo che non prevedevano un accumulo di denaro ma rimanevano semplicemente una raccolta di fondi per permettere allo Stato di far fronte ad esigenze particolari e immediate, in particolare le varie guerre. La riscossione delle tasse rimase quindi una pratica dettata dalle esigenze politiche. Per accedere alle cariche imperiali i nobili non erano più legati alle loro terre come feudatari ma era invece privilegiata la persona e il suo servizio presso l'imperatore, favorendo in questo modo la fedeltà dei funzionari per Federico. Tra i consiglieri più validi vi fu Hermann von Salza, gran maestro dell'ordine monastico dei cavalieri Teutonici, grazie alla sua intercessione riuscì a ricucire più volte con il papato, a cui l'ordine era direttamente sottomesso, portando la pace tra papa e imperatore, spesso in una situazione di vantaggio per quest'ultimo. Per ricompensare i suoi servigi Federico, con la bolla di Rimini, concedeva ai cavalieri teutonici le terre di Prussia, terre che saranno poi alla base del regno di Prussia e della moderna Germania.

In definitiva il sistema di governo dello Svevo si allontanava in maniera decisa da una mentalità feudale per intraprendere un tipo di governo autocratico e assolutistico, cosa impensabile per il resto dell'impero e in particolare per le libere città del regno d'Italia dove Federico mirava ad imporre il più possibile un governo simile a quello del regno di Sicilia. Questo fatto insieme alle posizioni inconciliabili con il papato saranno all'origine di una guerra interminabile dove i massimi sistemi politici dell'Europa d'allora si confronteranno nello spazio ridotto dell'Italia settentrionale.

La lotta tra papato e impero, tra guelfi e ghibellini, fu spietata, senza esclusione di colpi. Soprattutto il papa vedeva minacciato il suo potere temporale ma, in maniera più sottile, anche la concezione di dominio assoluto del pontefice della sfera spirituale era minacciata dall'idea teocratica di Federico II, secondo cui il potere regale discendeva direttamente da Dio, doveva temere una possibile vittoria delle forze secolari su quelle ecclesiastiche. Da qui una massiccia campagna propagandistica, portata avanti soprattutto dai francescani, atta a denigrare l'imperatore e il suo operato.

Come molti altri autocrati dopo di lui, Federico venne chiamato pazzo dai suoi nemici e ingiuriato con ogni tipo di propaganda teso a ridicolizzarlo e a sminuirne la sua azione politica. Questo portò, alla lunga, anche ad uno svilimento della carica imperiale dopo la sua morte. Federico II era l'anticristo, il tiranno e, in un certo senso, Federico, più d'ogni altro imperatore, aveva incarnato la figura di giudice sacro, accentrando su di sé poteri temporali e spirituali, prendendo su di sé la carica sacerdotale anche se di una connotazione pagana, dove la giustizia e il destino dell'impero si ergevano sopra ogni altra considerazione.

Per conseguire il suo ideale di giustizia Federico doveva fare leva sulla forza e sulla spietatezza, soprattutto negli ultimi tempi segnati dal tradimento, dall'odio e la vendetta.

L'odio che Federico si era attirato contro dai suoi antagonisti era tale da sacrificare ogni cosa, anche la crociata, l'imperatore era il male assoluto: Attila. Da questa lotta tra i massimi sistemi l'Italia e la Germania furono le nazioni a soffrirne di più, anche il papato, alla lunga, avrebbe risentito degli effetti nefasti di questa lotta, venendo a sua volta sminuito nel suo magistero.

Federico morirà il 13 dicembre del 1250, mentre la lotta tra i massimi sistemi era in pieno svolgimento, ucciso dalla malaria mentre era a caccia nella sua amata Puglia. Come diceva la leggenda gli fu predetto che sarebbe morto in un luogo il cui nome conteneva la parola fiore, in effetti Federico si tenne lontano da Firenze per tutta la vita, ma ciò non bastò quando fu trasportato, per essere curato, in un paese di origine bizantina di cui l'imperatore non ne conosceva l'esistenza; Castel Fiorentino.

▶ Affresco raffigurante un tipico cavaliere della prima metà del XIII secolo appartenente al ciclo d'Ivanoe, dipinto nella taverna di castel Rodengo (Bolzano). Notare la sommità dell'elmo che in quel periodo era diventata piatta per una maggior stabilità.

Fresco depicting a typical knight of the first half of the thirteenth century painted in the tavern of Castel Rodengo (Bolzano). Note that the top of the helmet at the time had become flat for added stability.

▲ Vittoria di Ottone Visconti vescovo di Milano sui Della Torre. (Pittura muraria del castello di Angera tardo XIII secolo).
Victory of Ottone Visconti bishop of Milan on Della Torre army. (Painting walls of the castle of Angera late thirteenth century).

▲ ▲ A destra: Il tipico stemma di croce rossa su campo argento (bianco) di Milano, condiviso da altre città della Lega come Alessandria e Vercelli. Altre avevano gli stessi colori ma invertiti, come Asti, Novara, Como ecc.
Right: The typical emblem of the red cross on a silver (white) field of Milan, also shared by other cities of the League as Alexandria and Vercelli. Others had the same colors, but reversed, like Asti, Novara, Como etc.

▼ Cavaliere della prima metà del XIII secolo. Sul suo elmo è raffigurato un cimiero a forma di gallo. (Annali Genovesi). I cavalieri bresciani potevano dare un impressione assai simili con la loro leonessa rampante blu in campo bianco.
Knight of the first half of the thirteenth century. On his helmet crest depicts a rooster. (Annals Genovesi). The knights of Brescia could give a very similar impression with their blu lioness rampant on a white field.

▶ Architrave della chiesa di San Biagio a Parma raffigurante san Michele che pesa le anime (Parma, circa 1230).
Architrave of the church of San Biagio in Parma depicting St. Michael weighing souls (Parma, about 1230).

▼ Spade risalenti al XIII secolo (museo di Castelvecchio).
Swords of the thirteenth century (Museum of Castelvecchio)

LA LEGA LOMBARDA E IL COMUNE DI MILANO

A seguito della pace di Costanza la posizione di Milano si era notevolmente rafforzata. Lodi era entrata nella sfera d'influenza milanese e Pavia perse la Lomellina, Como ci rimise il territorio di Lecco, mentre nella parte orientale la città di Sant Ambrogio estendeva il suo potere fino oltre al fiume Adda raggiungendo il fiume Serio a spese della città di Bergamo. Con la ricostruzione di Crema poi Cremona si sentiva di nuovo minacciata da vicino.
La situazione politica in Lombardia si era semplificata rispetto l'epoca del Barbarossa, le città che si contendevano il potere erano diminuite. I comuni più piccoli erano entrati nella sfera d'influenza dei comuni più grandi. Verso la fine del secolo nella regione nord occidentale del regno d'Italia vi erano quattro grandi città stato che egemonizzavano il potere; da una parte Milano e Brescia tra loro alleate, dall'altro Cremona e Bergamo in aperto contrasto con le prime due. In realtà la città più potente rimaneva sempre Milano, gelosa della propria autonomia. Autonomia che con l'interregno seguito alla morte dell'imperatore Enrico VI si accrebbe agli inizi del XIII secolo, portando ad una sorta d'indipendenza di fatto dall'impero. Nel periodo a cavallo dei secoli XII e XIII i conflitti comunali si erano ridotti a questioni di confine. Per Milano era ora sui suoi confini orientali che nascevano i maggiori contrasti. Bergamo tentava di riottenere la Gera d'Adda, mentre era sempre vivo il contrasto tra Crema e Cremona. A ciò si aggiungeva la lotta tra Bergamo e Brescia per le valli Camonica e Calepio.
Questo stato di cose portava ad un intrico di alleanze dei comuni minori verso quelli più grandi, con Milano che calamitava la maggior parte dei consensi. Tra le città alleate a Milano e Brescia vi furono Alessandria, Novara, Vercelli, Tortona, Mantova, Verona, Vicenza, Piacenza e Bologna. Con Cremona si schierarono le tradizionali rivali di Milano come Pavia e Como a cui si aggiunsero a varie riprese Bergamo, Asti e le città dell'Emilia come Parma, Reggio Emilia e Modena.
Le guerre che si ebbero in quel periodo furono comunque a bassa intensità con scaramucce lungo i confini orientali di Milano. Le azioni belliche si riducevano a raid primaverili di cavalieri con l'intento di devastare i campi nemici e saccheggiare gli armenti.
Nel 1191 vi fu una battaglia campale presso Cividate, detta della Melamorte, sul fiume Oglio, tra Bergamaschi e Bresciani e vinta da quest'ultimi con i milanesi intenti a saccheggiare il territorio circostante tra il Serio e L'Oglio. I Milanesi rinnovarono i loro attacchi in quella stessa regione controllata da Bergamo nel 1199 distruggendo i borghi di Ghisalba e Cologno conquistando il castello di Cortenuova.

Cortenuova si trovava all'epoca lungo la strada principale che univa Brescia a Milano ricoprendo un considerevole ruolo strategico per la sua posizione, tanto che fin dal IX secolo era stato eretto un importante castello come difesa dalle invasioni degli Ungari. Nel 1201 vi fu una nuova battaglia campale tra Bresciani da un lato e Bergamaschi e Cremonesi dall'altra a Calcinate che

▲ Il carroccio fu il simbolo per antonomasia dell'esercito della Lega Lombarda, qui ne vediamo una bella rappresentazione da un incisione del pittore cinquecentesco Antonio Campi.

The carroccio was the quintessential symbol of the army of the Lombard League, here we see a beautiful representation by an engraving of the sixteenth-century painter Antonio Campi.

vide Brescia sconfitta.

Nel 1212 i Milanesi si scontrarono contro i Cremonesi a Castelleone per poi installarsi nel territorio di Cortenuova da dove lanciavano le loro spedizioni di razzia nei territori nemici.

A seguito di questi fatti i Milanesi ottennero l'alleanza dei conti di Cortenuova riuscendo ad interrompere i collegamenti tra le città di Bergamo e di Cremona. Il territorio di Cortenuova si trovava così al centro delle quattro città che si contendevano il potere in Lombardia, trovandosi quella contea circondata dai comuni guelfi di Milano e Brescia nella direzione Ovest – Est e da quelli ghibellini di Bergamo e Cremona in direzione Nord – Sud. Bergamo dopo la defezione dei conti di Cortenuova si trovava isolata dai suoi alleati mentre Milano e Brescia si trovavano unite da un corridoio.

Per rimettere ordine nel regno d'Italia Federico II indisse una dieta a Cremona per la Pasqua del 1226, dove all'ordine del giorno vi era la "ricostruzione dei diritti imperiali". Il fatto che l'incontro politico si dovesse tenere nella filoimperile Cremona, nemica di Milano, indicava già quale sarebbe stato l'atteggiamento dell'imperatore verso la città di Sant Ambrogio. Il sospetto poi che l'imperatore volesse applicare gli stessi metodi assolutistici che aveva applicato in Italia meridionale fu sufficiente alle città guelfe a disertare la dieta. Non solo, la città di Verona bloccò il passaggio delle Chiuse sull'Adige impedendo ai delegati tedeschi, tra cui il Enrico VII, re di Germania e figlio di Federico II, di raggiungere Cremona.

La dieta di Cremona fu così disertata dai comuni Lombardi che temevano le imposizioni di Federico. Guidati dai comuni da sempre nemici dello Svevo, in prima fila vi era Milano, i comuni guelfi si riunirono in una contro dieta a Mosio. Qui si decise di rinnovare l'antica alleanza della Lega Lombarda per salvaguardare le autonomie conquistate con gli accordi di Costanza del 1183 e i nuovi privilegi che molti comuni lombardi erano riusciti ad ottenere sia durante il periodo di anarchia imperiale che in seguito, appoggiando il sassone Ottone come imperatore.

Era il 4 marzo 1226, quando nella chiesa San Zenone, si ritrovarono i rappresentanti dei comuni di Milano, Brescia, Mantova, Bologna, Vicenza, Padova e Treviso, tutti d'accordo nel voler difendere le loro prerogative circa l'indipendenza politica e fiscale. Questi accordi andavano incontro agli interessi della chiesa, sempre intenta a limitare lo strapotere imperiale e, seppur in maniera velata, dava l'appoggio ai comuni ribelli.

Il 7 aprile dello stesso anno entrarono nella Lega Alessandria, Faenza e Vercelli, seguiti il giorno 11 dalla guelfa Verona. A Bergamo, in maggio, una rivolta capeggiata dai guelfi portò il comune ad aderire alla Lega Lombarda.

Federico II considerò l'adesione alla Lega come un atto di rivolta che, nella sua mentalità, corrispondeva a uscire dall'ordine costituito delle cose e dalla chiesa stessa, quindi essere dichiarati eretici. Su richiesta dell'imperatore il vescovo di Hidelshein scomunicò la Lega, mentre chiedeva di emettere lo stesso provvedimento al papa.

Onorio III riuscì ad evitare lo scontro aperto tra Lega e Impero, ed ottenne di far togliere la scomunica ai Lombardi ribelli in cambio di 400 cavalieri per la crociata nella quale l'impero aveva concentrato tutte le sue energie e, per cui, una guerra interna, ne avrebbe impedito la realizzazione. Federico II era ormai intento alla preparazione della crociata, cosa che poi sarebbe costata la prima scomunica allo stesso imperatore da parte di Gregorio IX, successore di Onorio III.

Papa Gregorio IX era il cardinale Ugo da Ostia, amico personale e protettore di san Francesco e compilatore ultimo della regola dell'ordine francescano. Sotto il suo pontificato Francesco fu fatto santo. L'ammirazione per il santo d'Assisi non impediva però al futuro papa di condurre uno stile di vita lussuosa nello sfarzo più esagerato forse proprio per questa sua condotta, egli favorì nella chiesa lo spirito francescano. Importante sottolineare che Ugo era stato, a suo tempo, legato pontificio in Lombardia dove aveva stretto saldi rapporti con Milano, inoltre volle riprendere la politica di suo zio Innocenzo III. Egli temeva in sommo modo la potenza imperiale e l'unione del regno di Sicilia con l'impero.

Federico si era impegnato in buona fede alla crociata al momento dell'incoronazione ad Aquisgrana nel 1215, ma la partenza dovette essere rinviata per la sistemazione delle questioni interne all'impero, in particolare del regno di Sicilia. A seguito degli accordi presi a San Germano tra il mansueto papa Onorio e l'imperatore nel 1225 Federico ribadì l'impegno della crociata di partire per la Terra Santa entro l'agosto del 1227 pena la scomunica.

Nell'agosto di quell'anno effettivamente Federico si stava preparando a partire dal porto di Brindisi con un forte esercito crociato proveniente da ogni angolo dell'impero, sennonché il clima e la dieta non abituale per uomini del nord causarono una pestilenza che colpì lo stesso imperatore impedendone la partenza.

Papa Gregorio IX prese l'occasione per scomunicare Federico. In realtà il papa era deciso a indebolire l'imperatore le cui terre circondavano quelle del papa e già aveva fatto pressioni per unire il regno di Sicilia al resto dell'impero a scapito di alcuni possedimenti pontifici.

Malgrado tutte le difficoltà, alla fine, Federico riuscì a partire da Brindisi per la Terra Santa con un anno di ritardo il 28 giugno del 1228.

Durante la crociata Federico riuscì a riottenere Gerusalemme con il solo uso della diplomazia, grazie alla complessa situazione politica nel campo mussulmano e agli accordi con il sultano egiziano Al Kamil. Fu davvero una strana crociata dove un imperatore scomunicato riuscì nell'intento, senza spargimento di sangue e con l'opposizione feroce del papato.

L'interesse di Gregorio IX per la crociata era del tutto marginale. Egli fece di tutto perché essa fallisse insieme alle speranze di Federico II. Vi fu persino un tentativo di omicidio nei confronti dell'imperatore e, ora, re di Gerusalemme, perpetrato dai templari con l'avvallo del papa. Solo la lealtà di Al Kamil fece fallire il progetto, cosa che unirà Federico e il sultano in una salda amicizia. Molti i regali che i due si scambiarono nel corso degli anni, tra cui l'elefante che Federico si porterà appresso durante le guerre contro i Lombardi. Durante la crociata di Federico Gregorio non si limitò nel tentativo di far fallire l'operato dell'imperatore ma arruolò soldati mercenari e Lombardi, che invasero senza difficoltà la Sicilia, anche perché si era fatta diffondere la notizia che Federico era morto in Terra Santa. Essi erano conosciuti come i soldati delle chiavi, per via delle insegne papali sui loro stendardi.

Al ritorno dell'imperatore l'esercito pontificio in Sicilia si dissolse ancor più rapidamente di quanto si era formato. Lo Svevo rioccupò facilmente i suoi territori compiendo anche qualche rappresaglia, come nella città di Sora che venne data alle fiamme e tutti i suoi abitanti passati per le armi a monito degli altri traditori.

Alla fine Gregorio dovette scendere a patti, grazie anche alla mediazione di Hermann von Salza. Fu tolta la scomunica a Federico II e i suoi provvedimenti in terra santa vennero accolti. La pace venne siglata a San Germano nel 1230. Infine Papa e imperatore si incontreranno ad Anagni dove suggelleranno la loro momentanea amicizia.

Da tutto ciò rimanevano fuori dagli accordi le città lombarde, la cui situazione politica e amministrativa richiedeva l'attenzione dell'imperatore, non appena si fosse rinforzato nel suo potere dopo la vicenda della scomunica.

◄ Nella prima metà del 1200, in ambiente centro italico, si sviluppò una caratteristica forma di elmo a punta che si differenziava dai coevi elmi pentolari dalla sommità piatta. (Faits des Romains, Bib. Royale, Ms.10168-72, Brussels, 1233)

In the first half of 1200, in Italy developed a characteristic form of pointed helmet that differed by contemporaries flat-topped helmets.

◄◄ Addestramento al combattimento di cavalieri tramite l'esercizio della scherma. L'uso dei Brocchieri "scutum" o "targa" piccoli scudi rotondi erano utilizzati in queste esercitazioni così come attestato dagli statuti delle compagnie d'armi bolognesi del XIII secolo. (raccolta del codice Manesse, XIII, inizio XIV secolo)

Combat training of knights through the exercise of fencing. (collection of code Manesse, XIII, XIV century beginning)

► Il castello di Lucera rappresentò un importante colonia mussulmana fino a quando gli Angioini, durante il loro dominio, non ne dispersero la popolazione.

The castle of Lucera was an important Muslim colony until the Anjou, during their rule, dispersed the entire population.

▼ Stemma della città di Cremona la più fedele alleata ghibellina dell'imperatore.
Crest of the city of Cremona the most faithful Ghibelline allied of the emperor.

GLI OPPOSTI ESERCITI

ESERCITO IMPERIALE
Reclutamento

L'esercito guidato da Federico II al tempo di Cortenuova era composto da genti dalla provenienza più disparata, non solo dalle contrade dell'impero ma da tutta Europa e, contando anche i Saraceni, anche dal nord Africa.
Federico per le sue guerre all'interno dell'impero cercava sempre di utilizzare milizie di suoi sostenitori, provenienti dal luogo in cui operava, piuttosto che far leva su eserciti provenienti da altri regni dell'impero. Questo impediva che, agli occhi dei suoi sudditi, si percepisse l'azione dell'imperatore come un invasione, piuttosto che una affermazione dei diritti regali. Spesso, facendo leva sui ghibellini locali o su locali signori a lui leali, lo Svevo si trovava così a cominciare la stagione di guerra in condizioni d'inferiorità numerica rispetto all'avversario, pregiudicando l'esito dello scontro.
Nelle campagne contro i Lombardi dell'anno di Cortenuova e di quello successivo, l'imperatore volle invece reclutare un'armata di vaste dimensioni per piegare un nemico che non sottovalutava.
Gli imperatori si erano appoggiati fino ad allora sulla propria stirpe d'origine; gli ottoni ai Sassoni, i Salii ai Franchi, gli Staufen agli Svevi, da questo i sovrani traevano il cuore dei loro eserciti. Federico II, cresciuto in terre lontane non riuscì più ad appoggiarsi alla propria stirpe, dovendo invece fare affidamento solo sul prestigio dell'imperium, l'alto ufficio regale assegnato da Dio stesso. Dopo di lui gli imperatori baseranno la loro forza esclusivamente sul proprio casato non più sulla stirpe, da ciò l'aumento delle truppe mercenarie negli eserciti imperiali.
A differenza degli eserciti a carattere prettamente feudale guidati dai suoi avi l'imperatore svevo aveva così a sua disposizione una nutrita compagine mercenaria. La leva feudale forniva anzi un numero inferiore di uomini rispetto al passato. Troppo stretti erano i vincoli che un esercito di questa connotazione imponevano a discapito della riuscita di una campagna militare. Il fatto che le truppe germaniche arruolate per le spedizioni in Italia potessero rimanere in servizio fino a 410 giorni non era sufficiente a garantire il mantenimento dell'armata lungo il corso di una guerra che poteva durare anche più anni. Nel 1237 la maggior parte delle truppe feudali proveniva, però, dai locali signori italiani, in particolare da Ezzelino da Romano i cui uomini erano reclutati in parte dai suoi possedimenti nel territorio del Triveneto, altrimenti lo stesso Ezzelino reclutava forti contingenti di mercenari.
La spina dorsale delle forze imperiali impegnate in Lombardia era fornito dalle città comunali tradizionalmente nemiche di Milano e quindi ghibelline, in particolare Cremona, Pavia e Brescia. Queste città fornivano anche i principali contingenti di fanteria, proveniente dalla milizia comunale.
Nell'esercito imperiale vi era anche un forte contingente di saraceni, una novità per un principe occidentale che destò molto scandalo. In realtà Federico sviluppò e organizzò in maniera organica l'arruolamento di milizie mussulmane continuando una tradizione che risaliva ai principi

normanni che prima di lui arruolavano tali truppe. I Saraceni provenivano in larga parte dalla colonia di Lucera a cui si univano contingenti di mercenari mussulmani provenienti dal nord Africa. A Lucera dove era impiantata la colonia mussulmana si ritiene che all'epoca contasse dalle 16.000 alle 60.000 persone tra soldati e civili. Il maggior contingente saraceno presente in un'unica battaglia fu di 10.000 uomini a Benevento nel 1266.

Federico II aveva permanentemente ai suoi ordini reparti di mercenari che lo seguivano costantemente nelle sue campagne. Per mantenere l'esercito imperiale lo Staufen impegnava il denaro proveniente dalla Sicilia e forze mercenarie provenienti dalla Germania. Gli eserciti imperiali di Federico erano sempre meno legati ai signori feudali e sempre più all'impiego di mercenari. In Sicilia il sistema feudale era quasi totalmente soppresso. I soldati siciliani ricevevano la paga, così anche i saraceni che avevano come indennizzi appezzamenti di terreno. Al nord i comuni del regno d'Italia mantenevano a loro spese i soldati impegnati in campagna per quattro o sei settimane, passato quel termine erano le casse imperiali a passare il soldo alle truppe comunali. L'assedio di Brescia fu interrotto anche per questo motivo.

Molti i contingenti esteri, soprattutto nella campagna del 1238 che porterà all'assedio di Brescia. In quell'anno scesero in Italia truppe montate di balestrieri provenienti dall'Ungheria. Quella stessa campagna vide la presenza maggiore di soldati provenienti dalla Francia e soprattutto dall'Inghilterra, a riprova della considerazione che quegli stati, non subordinati all'impero se non formalmente, avevano di Federico dopo la sua strepitosa vittoria a Cortenuova.

Dimensioni

L'anno della battaglia di Cortenuova e di quello successivo all'assedio di Brescia vide la presenza sul suolo del regno Italico uno dei più grandi contingenti militari messi in campo dall'inizio del medioevo e che solo con la successiva epoca rinascimentale l'Italia tornerà a sperimentare.

L'esercito imperiale che discese il Brennero al comando di Federico nell'estate del 1237 contava di ben 2000 cavalieri tedeschi. Ad essi si riunirono a Verona i contingenti italiani: l'esercito siciliano composto da circa 7000 tra arcieri saraceni, cavalieri di Puglia e Sicilia, le milizie di Cremona e di Ezzelino da Romano e la cavalleria di Bergamo e Tortona. A questi si aggiunse infine Gebardo di Arnstein con le truppe Toscane. Il totale doveva variare dai 15 ai 18.000 uomini, anche se alcuni autori arrivano a ipotizzare ben 31.000 soldati ma si tratta, probabilmente, di una cifra esagerata.

Non tutti questi parteciperanno alla battaglia decisiva. Federico, per organizzare la sua trappola contro l'esercito nemico, si liberò di parte delle sue truppe, principalmente quelle meno bellicose come le fanterie dei comuni alleati, in modo da essere più veloce nei movimenti e anche per ingannare il nemico facendogli credere che il grosso dell'esercito si fosse ritirato per gli acquartieramenti invernali.

Si ritiene che il numero di soldati imperiali a Cortenuova dovesse essere dai 10 ai 12.000 uomini con una forte predominanza di cavalleria, composta da quella classica pesante, da sergenti o scudieri (cavalieri equipaggiati in modo più leggero al seguito e al servizio dei cavalieri propriamente detti) e da quella saracena, di arcieri a cavallo, valutata in circa 7.000 uomini.

Ad essi si dovrebbero aggiungere le milizie bergamasche composte da alcune migliaia di armati che, calando da nord, bloccarono la strada all'esercito della Lega, pur non partecipando direttamente alla battaglia.

▲ 16 Cavaliere tedesco della prima metà del XIII secolo (brandenburgdom)

German knight of the first half of the thirteenth century (brandenburgdom)

Organizzazione

La caratteristica struttura piramidale degli eserciti feudali era ancora alla base degli eserciti imperiali dell'epoca di Cortenuova, sebbene Federico II, conscio dei limiti che tale struttura imponeva alla sua azione di comando, preferisse fare affidamento su truppe mercenarie.
La Sicilia doveva fornire gli strumenti economici per intraprendere la guerra nel nord della penisola. Grazie a questi introiti fissi, provenienti da imposte straordinarie e dazi dal meridione, Federico II fu il primo imperatore del Sacro Romano Impero a possedere un elevata quantità di denaro con cui poter arruolare mercenari. Dalla Germania cominciarono, così, a scendere sempre più soldati mercenari rispetto al passato che vedeva invece la discesa di vassalli, ognuno con interessi politici propri. Questi mercenari erano in larga parte cavalieri che vendevano i propri servigi prima all'imperatore, poi, dopo la sua morte, ai ghibellini, trovando impiego presso le signorie italiane. Nei decenni successivi vi furono molti condottieri importanti come Werner Urslingen (Guarneri) che nel XIV secolo imperversava in Italia e sul cui scudo i soldati tedeschi della sua compagnia di ventura avevano scritto: "Nemico di Dio, della pietà e della misericordia". I cavalieri tedeschi fin dall'epoca sveva erano rinomati guerrieri. Non pochi furono i cronisti italiani a tesserne le lodi. A Montaperti si scrisse degli 800 cavalieri tedeschi al comando di Manfredi: "Bene in armi, bene a cavallo, vigorosi d'aspetto, essi parvero leoni scatenati, in groppa a stalloni simili a colline in movimento fra il brillio delle armi".
Ed ancora agli inizi del '300, in Lombardia, all'arrivo di 1300 cavalieri tedeschi "armati in modo eccellente e perfetti a cavallo... Cavalieri dall'aspetto virile e d'alta statura, giovanissimi d'età eppure esperti delle armi e di coraggio imperterrito..."
Al tempo di Federico II il conte Jordan (Giordano) comandava una compagnia di 1500 cavalieri mercenari. La cavalleria era ancora la regina delle battaglie. Scarsa attenzione era riservata alla fanteria che in campo imperiale era fornita, come di consueto, dai comuni alleati.
L'armata imperiale che attaccò a Cortenuova era stata suddivisa con la massa della fanteria al centro e la cavalleria in sette corpi distinti alle ali, su un totale di circa 7.000 cavalieri che caricarono il campo avversario. Ognuna di queste divisioni doveva essere composta da circa 1.000 cavalieri suddivisi a loro volta in 5 compagnie di 200 uomini al cui interno 5 squadre di 40 cavalieri frazionavano le compagnie. All'interno delle divisioni di cavalleria pesante si trovava anche una numerosa cavalleria leggera costituita dai saraceni armati di arco composito, anch'essi organizzati seguendo la base decimale che aveva la sua origine in Andalusia e aveva influenzato la Sicilia saracena e normanna, da cui Federico stesso aveva tratto ispirazione per organizzare il suo schieramento di battaglia.
I Saraceni non si trovavano a formare solo reparti di cavalleria leggera ma erano anche la guardia del corpo dell'imperatore. Inoltre ricoprivano ruoli di fanteria nella specialità di arcieri appiedati, anche se, forse, è esagerato ritenere che tutti i Saraceni fossero inquadrati come arcieri, così come molti autori contemporanei fanno credere, certo la maggioranza di essi doveva ricoprire tale ruolo.
Federico II aveva sviluppato una classe dirigente formatasi nelle università del regno, ad essi andavano i ruoli di comando nell'esercito, Pier delle Vigne non era soltanto il miglior diplomatico alla cancelleria imperiale ma anche un combattente. Questa nuova classe dirigente si affiancava a quella tradizionale dei ministeriali (Dienstleute) tedeschi, cavalieri di condizione servile fedeli al loro signore, fosse esso un vassallo o l'imperatore. Le due insegne che allora contraddistinguevano l'Europa imperiale erano l'aquila e lo stendardo crociato detto Blutfahne o vessillo sanguinolento, formato da una croce bianca in campo rosso, rappresentante lo spirito di sacrificio. Questo stendardo era lo stesso adottato dalle città fedeli all'impero quali Como, Novara e Cremona e andrà a designare il partito ghibellino, mentre la parte guelfa adottò la specularità invertita dei colori, cioè croce rossa in campo bianco.
Dal punto di vista logistico l'esercito viveva su ciò che forniva il territorio, meglio se il territorio era nemico dove si poteva praticare liberamente il saccheggio. L'abituale trascuratezza dei problemi logistici causava più di un fallimento durante gli assedi, come capitò a Federico II durante l'assedio di Brescia nel 1238.

Armamento

I professionisti della guerra nell'epoca medievale erano i nobili la cui ricchezza permetteva loro di acquistare il costoso equipaggiamento militare e soprattutto il destriero che li avrebbe portati in battaglia.

Per i cavalieri occidentali l'armatura difensiva dell'epoca era per tutti la cotta di maglia ad anelli metallici portata sopra ad un'imbottitura, solitamente di lino cucito con crini di cavallo, che serviva ad attutire i colpi e a fermare le punte di freccia. Sopra la cotta era normalmente indossata una sopravveste per proteggersi dal caldo, il cui colore faceva riferimento all'araldica del cavaliere.

La maglia metallica, in due pezzi, ricopriva la parte inferiore e quella superiore del corpo, allungandosi a proteggere le mani con guanti con anelli metallici sul dorso mentre le palme in cuoio erano aperte da una fessura che poteva, eventualmente, far uscire la mano. In quegli anni si andava a diffondere il camaglio, un cappuccio ad anelli metallico che, separato dal resto della cotta di maglia, andava a proteggere il capo.

L'elmo si era ingrandito rispetto agli esemplari dell'inizio del secolo, diventando di forma pentolare, andando a proteggere anche la nuca e la gola. La sommità dell'elmo si era totalmente appiattita e, nel corso dei decenni successivi, la forma dell'elmo andrà restringendosi verso la sommità per poi diventare appuntita all'inizio del XIV secolo, variazione finale di questo tipo di elmo prima di essere sostituito da forme di protezione per il capo più leggere. L'elmo poteva essere adornato con dei cimieri o delle corna, alla battaglia del "Fosson Morto" del 1239 è ricordato un cavaliere tedesco, disarcionato da un cavaliere milanese, con l'elmo ornato da un cimiero in foggia di gallo d'oro.

Protezioni più leggere erano anche in uso e, per le fanterie, elmi di tipo normanno con nasale erano ancora ampiamente utilizzati.

Anche per la fanteria la protezione metallica o almeno un giubbotto imbottito erano essenziali per avere una speranza di sopravvivenza in battaglia. Si ricorda come i reperti archeologici del campo di battaglia di Visby nel Gotland, di un secolo dopo Cortenuova, abbiano messo in luce resti di soldati uccisi colpiti nei punti dove la protezione era assente, come un fante le cui gambe furono tranciate di netto da un unico fendente proprio dove la cotta di maglia inferiore terminava.

Lo scudo della cavalleria si era andato a ridursi fino alle dimensioni triangolari su cui erano dipinti i colori araldici del cavaliere. Lo scudo delle fanterie era rimasto invariato e, dopo Cortenuova, si diffuse il pavese, un grande scudo dietro il quale si rifugiavano i balestrieri.

L'arma d'offesa principale della cavalleria era la lancia con cui il cavaliere si gettava alla carica tenendo l'arma sotto mano o, come si usa dire, in resta (la resta era il gancio posto sull'armatura a piastre del petto in cui si appoggiava la lancia nella seconda metà del secolo XIV).

La spada e altre armi corte erano poi usate nel corpo a corpo che seguiva il frammentarsi della carica in tanti piccoli scontri.

Le balestre erano ormai diventate di largo impiego malgrado l'interdetto posto dalla chiesa che aveva tentato di proibirne l'uso nelle guerre europee. L'arco però manteneva ancora il suo primato, in particolare il micidiale arco composto usato dai Saraceni.

L'armamento difensivo delle truppe mussulmane era tipico di quello dei loro correligionari del Medio Oriente in cui spesso l'armatura era ridotta al minimo per lasciare spazio all'agilità e ai combattimenti in ordine sparso. Spesso al di sotto di un turbante vi era un elmo conico di metallo a protezione del capo mentre una corta armatura a lamelle metalliche era a protezione del solo torace.

Strategie e tattiche

Nelle sue campagne nel nord d'Italia Federico II cercò sempre di staccare le città alleate con Milano nel tentativo d'isolare questa città della quale non dimenticherà mai l'affronto subito sulle rive del Lambro durante il suo primo viaggio in Germania verso l'incoronazione. Per lo Staufen, Milano, era una città ribelle ed eretica a capo di tutte le città guelfe del suo regno. Questo fu il motivo che dopo la vittoria a Cortenuova non volle intavolare nessuna trattativa con la città nemica chiedendone la resa incondizionata. Per il suo scopo l'imperatore cercava di fare terra bruciata intorno all'odiata città, facendosi aiutare dalla città a lui fedeli e dai grandi feudatari ghibellini in cambio di nuove terre e regalie.

La tattica dell'epoca era ancora quella abituale che vedeva la cavalleria dominare i campi di battaglia. L'assalto in massa della cavalleria, inquadrata in formazioni compatte, prevedeva un sfondamento repentino della compagine avversaria. I cavalieri che caricavano ginocchio contro ginocchio tendevano a scompaginare il nemico in un'azione rapida che proseguiva nel corpo a corpo o nella strage finale dei soldati nemici che fuggivano.

Se la cavalleria aveva compiti prettamente offensivi la fanteria svolgeva prevalentemente compiti difensivi o di assalto alle fortificazioni. Bisognerà aspettare la battaglia di Campaldino del 1289 per vedere una prima vittoria sulla cavalleria dall'azione combinata dei balestrieri riparati dietro i grandi pavesi e della fanteria.

In ogni caso nel campo imperiale la fiducia verso l'utilità della fanteria era assai scarsa.

Più incisiva l'azione dei Saraceni che applicavano con successo le tattiche che avevano già messo in difficoltà i cavalieri crociati in Terra Santa. L'uso del combattimento a distanza con l'arco composito li rendeva micidiali per nemici non avvezzi al loro modo di combattere, né andava sottovalutato l'effetto psicologico che questi mussulmani avevano sui soldati cristiani che vedeva in loro l'incarnazione del demonio.

A Cortenuova i Saraceni non presero parte alla fase iniziale dello scontro, furono anzi ridotti a mal partito quando si trovarono a fronteggiare i Milanesi nel corpo a corpo, ciò fu dovuto forse ad un errata valutazione della situazione che li portò ad avvicinarsi troppo al nemico, facendogli abbandonare per un momento quella che era la loro tattica abituale.

▲ Mappa dell'impero ai tempi di Federico II.   *Map of the empire during Friedrich II era.*

L'ESERCITO DELLA LEGA
Reclutamento

La milizia cittadina era l'esercito dei comuni che reclutava i suoi uomini sia all'interno delle mura cittadine che nel contado.

Ogni città comunale arruolava i suoi uomini all'interno dei quartieri della città. Nel 1200 i quartieri cittadini che prendevano il nome dalle porte d'ingresso principali della cinta muraria adiacenti al quartiere presero il nome di sestieri, dalla sesta parte in cui normalmente era divisa la città. A Milano vi erano i sestieri di Porta Romana, Porta Vercellina, Porta Orientale, Porta Nuova, Porta Comasina e di Porta Ticinese. Ogni quartiere era responsabile del suo tratto di mura.

Il forte controllo delle città sulle tasse, su dazi, pedaggi e soprattutto i floridi commerci, avevano reso i comuni molto ricchi e popolosi con la disponibilità ad arruolare ed equipaggiare un numero di soldati molto più elevato di quanto gli eserciti feudali erano in grado di fare.

Come in tutti gli eserciti europei dell'epoca il milites o cavaliere era il fulcro dell'armata comunale ma, nel XIII secolo, l'accesso all'istituzione cavalleresca nei comuni non era solo appannaggio ereditario dei nobili. Nell'Italia comunale di quel periodo chiunque aveva a disposizione la ricchezza sufficiente per equipaggiarsi con le costose armi della cavalleria pesante dell'epoca poteva accedere al rango di cavaliere divenendo *milites pro commune*. Accedevano così all'ultima carica nobiliare non solo i discendenti dei nobili ma anche i ricchi artigiani e, cosa impensabile per l'Europa del tempo, persino i mercanti. Se questo poteva aumentare il numero dei cavalieri dall'altra ne diminuiva la qualità poiché per molti di loro la guerra non era l'attività principale come invece lo era istituzionalmente per i soli nobili. Questo stato di cose si ripercosse anche sul governo delle città quando i nuovi ricchi sostituirono l'aristocrazia consolare alla guida dei comuni, per un certo tempo, prima dell'epoca delle signorie.

Non tutti i comuni permettevano l'elevazione dei ricchi allo stato di milites. A Firenze la cavalleria non nobile erano detti feditori, cavalieri con al seguito scudieri e altri armati ma esclusi dall'aristocrazia.

I pedites, cioè i fanti, erano la parte più consistente degli eserciti comunali. Tutti i cittadini maschi con un età compresa tra i 14 e i 70 anni o dai 18 ai 60 anni, a seconda del comune, erano tenuti al servizio militare indipendentemente dal loro stato sociale. Per questo il comune poteva farsi carico delle spese per l'equipaggiamento dei fanti più poveri. I fanti provenienti dal contado erano quelli più poveri, spesso privi dei diritti politici riservati ai cittadini.

Il servizio militare per i cittadini era comunque visto come un fardello che interrompeva le loro occupazioni quotidiane, soprattutto per i cittadini meno abbienti che, pur avendo diritti politici ridotti, erano costretti a combattere come gli altri.

L'addestramento dei fanti delle milizie comunali era in genere più curato rispetto alle leve feudali. I fanti si addestravano annualmente con gare e palii, suddividendosi in squadre rionali che competevano fra loro.

Durante il servizio militare i soldati ricevevano una paga differenziata per il loro rango e specializzazione: un balestriere riceveva una somma maggiore rispetto a un pavesarii (portatore del grande scudo detto pavese). Il costo nel mantenere in campo un esercito spesso influiva sulle sorti e sull'andamento di una campagna militare.

Una forma di cavalleria leggera detta berrovieri si andò a formare nel corso del XIII secolo. Originari di regioni rurali, si trattava di piccoli possidenti non nobili che inizialmente combattevano sia a piedi che a cavallo e che andranno a formare compagnie professioniste di 50 uomini al comando di un capitano, spesso usati come guardie del corpo dei signorotti locali.

Il fenomeno del mercenariato nel nord Italia era abbastanza marginale grazie alla leva obbligatoria istituita dai comuni, solo a partire dalla seconda metà del '200 il mestiere della guerra si diffonderà nel regno d'Italia, anche a causa dell'affermarsi delle signorie con conseguente perdita dei diritti politici dei cittadini che, ben felici di evitare il servizio militare, si dedicavano liberamente ai loro affari con profitto.

Dimensioni

A Cortenuova l'esercito dei collegiati era particolarmente numeroso, anche senza la città di Brescia i cui numerosi soldati erano tornati in città per passare l'inverno non partecipando alla decisiva battaglia. Milano poteva contare su circa 6.000 fanti e 2.000 cavalieri. Con essi si trovavano i contingenti delle città alleate della Lega di Mosio e raggruppava Cremaschi, Novaresi, Vercellesi, Piacentini e Alessandrini, persino Lodi aveva un contingente nell'esercito federato.
Si è stimato un totale di circa 18.000 uomini anche se, forse, questo numero includeva il contingente bresciano. Al comando dell'esercito federato vi era il figlio del doge di Venezia Pietro Tiepolo, che come podestà di Milano aveva le maggiori responsabilità nel guidare le truppe della Lega.

Organizzazione

I soldati comunali marciavano e si schieravano secondo l'appartenenza al proprio rione in cui vivevano all'interno della loro città. Solo per le rare truppe mercenarie e per reparti destinati a particolari incarichi di sorveglianza vi erano degli acquartieramenti, gli altri alloggiavano presso le proprie abitazioni.

▲ Papa Gregorio IX fu un acerrimo nemico di Federico II a cui inflisse la scomunica definitiva, senza tuttavia riuscire ad avere la meglio sul rivale.

Pope Gregory IX was a terrible enemy of Frederick II who inflicted the final excommunication, but was unable to win against his rival

Ancora nei primi anni del 1200 non esistevano suddivisioni dell'esercito con reparti inquadrati secondo il tipo di arma usata, l'unica differenza era tra cavalleria e fanteria dove, in quest'ultima, vi erano arcieri, lancieri, balestrieri e altri armati, uniti nello stesso schieramento senza differenziarsi in reparti particolari. Solo nella metà di questo secolo i balestrieri andranno a formare una compagine separata sull'esempio dei balestrieri genovesi, con i propri comandanti, una particolare organizzazione e i propri stendardi. L'unione dei balestrieri e dei pavesari che, con il loro grande scudo proteggevano i balestrieri, si rivelerà una formazione micidiale non solo durante gli assedi ma anche in campo aperto.
Reparti cittadini di balestrieri erano incaricati alla protezione delle mura cittadine a tempo pieno.
L'unità di base della cavalleria era solitamente di 25 uomini, come nel resto dell'Europa occidentale. In maniera simile era suddivisa anche la fanteria.
Anche le gilde avevano i propri reparti militari arruolati all'interno della corporazione stessa.
Durante il XIII secolo si formarono anche particolari confraternite militari legate non solo alla propria corporazione ma anche a legami di fraternità guerriera. Le

confraternite erano spesso dedicate a dei santi o a parrocchie cittadine e per entrarvi a farne parte erano necessari dei rituali d'iniziazione. Vi erano confraternite di fanti e di cavalieri. A Milano divenne celebre la confraternita dedicata alla difesa del Carroccio conosciuta come la Compagnia dei Forti, da alcuni detta anche della morte per lo spirito di sacrificio a cui erano pronti i suoi componenti, si trattava di cavalieri che combattevano prevalentemente appiedati nei pressi del Carroccio. A guidare la Compagnia dei Forti a Cortenuova fu Enrico da Monza che contribuì valorosamente a difendere il Carroccio e si deve anche a lui se gli imperiali furono respinti nei loro ultimi assalti.

Ognuna di queste organizzazioni militari, di quartiere o di confraternita, avevano le proprie insegne e indossavano regolarmente sopra l'armatura la sopravveste con dipinti i motivi araldici di appartenenza. Questo non faceva che inasprire i contrasti all'interno delle città, già divise per motivi politici tra guelfi e ghibellini, andando ad inasprire le lotte interne in un clima sempre più violento, tanto che alcuni comuni proibirono l'uso di simboli di riconoscimento nei vestiti di queste confraternite a spese dello spirito di corpo.

Una forte disciplina all'interno della milizia urbana cercava di tenere sotto controllo le rivalità comunali con punizioni corporali fino all'esilio che era tra le condanne più gravi visto che cancellava la persona dalla vita sociale della comunità.

Ufficiali come il Capitano del Popolo avevano poi il compito di mantenere l'ordine all'interno della città e nel contado, mentre l'importante compito di portare lo stendardo, a cui facevano riferimento i reparti durante le azioni, era affidato ad un gonfaloniere.

Il Carroccio era il fulcro dell'esercito comunale, su di esso garriva, appeso ad un alta antenna, lo stendardo del comune, che per Milano era la croce rossa in campo bianco, in battaglia era di grande aiuto morale durante i combattimenti, soprattutto per le fanterie che avevano un punto fisso dove radunarsi per portare i feriti e tentare una difesa ad oltranza. Sopra il Carroccio vi erano dei chierici che durante gli scontri dicevano messa allo scopo di sostenere i combattenti, mentre i rintocchi della campana detta Martinella inviava segnali e rincuorava i combattenti.

Il Carroccio veniva tra l'altro utilizzato anche come tribunale ambulante che rendeva giustizia in luoghi diversi, era inoltre una sala di consiglio scoperta dove si prendevano decisioni all'aperto.

Il pesante Carroccio milanese fu perduto nel 1237 perché bloccato dal fango di una strada che lo immobilizzò. La pesantezza del carro in battaglia e la fine delle milizie cittadine sostituite da truppe mercenarie, decretarono la fine dell'uso del Carroccio.

Nel corso del XIII secolo anche la logistica si era fatta più sofisticata, per evitare di saccheggiare il territorio dei comuni alleati si allestivano pesanti carri con cui venivano trasportate le masserizie. Nei giorni precedenti la battaglia di Cortenuova la marcia dell'esercito della Lega fu ritardato proprio dalla presenza di questi carri da trasporto che influirono anche sulla scelta delle strade da percorrere con un esito fatale.

Armamento

Milano era una delle più importanti città d'Europa nella fabbricazione di armi e di armature, questo suo primato lo mantenne per tutto il medioevo realizzando le armi e le armature più apprezzate in Europa, soprattutto tra il 1400 e il 1500. L'industria delle armi era, già nel XIII secolo, una delle più importanti realtà economiche della città.

L'equipaggiamento dei cavalieri e della fanteria nell'Italia settentrionale non differiva di molto rispetto a quella degli altri eserciti occidentali dell'epoca. Elmi più leggeri potevano sostituire il grande elmo pentolare piatto nella parte superiore, una cerveliera o un cappello di ferro potevano essere utilizzati nei periodi più caldi dell'anno. Spesso gli elmi potevano essere dipinti con i colori araldici del cavaliere. Alcuni reparti di fanteria erano armati in modo completo con la cotta di maglia di ferro al di sopra di un giubbotto imbottito, una cerveliera proteggeva il capo.

La spada era l'arma più importante a cui venivano spesso associati significati mistici e religiosi. Ad alcune spade veniva inserita una piccole reliquia nel manico in modo da proteggere il portatore

▲ Truppe comunali nel loro accampamento, miniatura tratta dalla famosa bibbia Maciejowski. La Bibbia Maciejowski, chiamata anche Bibbia Morgan o Salterio Maciejowski, è un manoscritto medievale alluminato della Bibbia miniato da incisori francesi attorno al 1250. Essa è un capolavoro di arte gotica e costituisce una fonte inestimabile per la ricostruzione della cultura materiale di epoca medievale.

Communal troops in their camp, miniature of the famous bible Maciejowski. The Morgan Bible, also called Morgan Bible or Psalter Maciejowski, is a medieval manuscript aluminate Bible realized by French engravers around 1250. It is a masterpiece of Gothic art and is an invaluable source for the reconstruction of the material culture of the Middle Ages.

dell'arma. Altre armi corte come le mazze erano utilizzate dai cavalieri, mentre lance e grosse asce con un ampia lama su una lunga asta erano utilizzate dalla fanteria, quest'ultima, al posto della spada, poteva avere lunghi coltellacci o daghe, utili nei combattimenti ravvicinati in ambienti ristretti come poteva accadere durante gli assedi.

Le balestre erano utilizzate soprattutto negli assedi, Genova fu la prima a mettere in campo aperto reparti di balestrieri specializzati in tale ruolo. Nella metà del XIII secolo i balestrieri vennero associati a pavesari che con il loro grande scudo fornivano protezione durante le lente operazioni di ricarica, in questa associazione le fanterie nel corso del 1200 cercheranno di portare la guerra d'assedio in campo aperto.

Strategie e tattiche

Come nei secoli precedenti la razzia, le scaramucce e i colpi di mano erano rimasti il modo abituale di condurre le guerre. Malgrado ciò la Lombardia vide in quegli anni gli eserciti più numerosi d'Europa e se le battaglie furono rare vennero comunque combattute da forze ingenti, inusuali per l'epoca. La pianura Padana permetteva di dispiegare un vasto numero di soldati soprattutto di cavalieri grazie agli ampi spazi di manovra, interrotti solo dai numerosi corsi d'acqua. Le fanterie comunali combattevano principalmente sulla difensiva, serrandosi in blocchi rettangolari a ranghi compatti detti "lanzelonghe" per l'aumento delle dimensioni delle loro lance che rendeva pericolosa una carica diretta della cavalleria avversaria. Presto però i ghibellini impararono a rompere tale formazione statica, simile allo schiltron scozzese, con il micidiale tiro dei balestrieri, così come allo stesso modo veniva annientato lo schiltron dagli archi lunghi inglesi.

Il compito della fanteria era quello di consolidare il terreno occupato e tentare di arrestare le cariche della cavalleria nemica il cui compito, invece, era quello di ottenere uno sfondamento delle schiere nemiche, scompaginandone i ranghi. Nella fanteria dominava quindi una tattica difensiva volta a logorare il più possibile il nemico.

L'esercito della Lega Lombarda quando si trovò ad affrontare l'esercito imperiale mantenne sempre un atteggiamento prudente, volto a evitare uno scontro in campo aperto. Si cercava di logorare l'avversario per portarlo a trattare senza dover rischiare il tutto per tutto in un'unica giornata campale che, comunque, anche in caso di vittoria, avrebbe condannato i comuni vincitori di lesa maestà sul loro signore l'imperatore.

Spesso si aspettava l'iniziativa nemica anche per risparmiare i soldi di mantenimento dell'esercito comunale in campo aperto. Nel 1237 l'esercito della Lega venne mobilitato tardi e solo per soccorrere Brescia da un probabile assedio che l'arrivo dei collegiati sventò.

A Cortenuova la condotta attendista lasciò l'iniziativa all'imperatore che riuscì a cogliere i Lombardi alla sprovvista impedendo a quest'ultimi di completare qualsiasi schieramento di battaglia, costringendoli a difendersi in modo disorganizzato. Negli anni successivi la lotta all'imperatore divenne più subdola e le città passavano da un campo all'altro grazie all'intervento dei fuoriusciti guelfi che, con colpi di stato, occupavano il governo cittadino.

▲◄ L'esercito imperiale penetra nell'accampamento avversario. Miniatura della Bibbia di Maciejowski. A lato sempre dalla stessa fonte, un particolare durante la battaglia in cui si vede un fante trafitto dalla lancia di un cavaliere.

The imperial army penetrates into the League camp. Miniature Bible of Maciejowski. A side always from the same source, a particularly during the battle in which you see an infantryman pierced by the spear of a knight.

► Immagini di una battaglia tra l'imperatore (a cavallo) e gli Infedeli. (Miniatura coeva).

Images of a battle between the Emperor (on horseback) and the infidels. (Thumbnail coeval).

LA GUERRA TRA LEGA E IMPERO

Durante l'assenza dell'imperatore per la crociata in Terra Santa e, poi, per gli impegni nel regno di Sicilia, in Lombardia, le violenze politiche aumentarono, a Milano i guelfi guadagnarono terreno con l'appoggio del papato.
Dalla pace di San Germano del 1230 tra papa e imperatore si ebbe in Lombardia un periodo di calma apparente. Gli accordi permisero all'imperatore di tornare ad occuparsi del regno d'Italia e di quello di Germania indicendo una dieta a Ravenna nel 1231 dove, ancora una volta, i Lombardi tornarono a sbarrare il tragitto ai rappresentanti tedeschi che si recavano a Ravenna. L'imperatore emetteva quindi il bando dell'impero contro i comuni che aderivano alla Lega Lombarda.
Le città lombarde, capeggiate da Milano, erano preoccupate dalla politica federiciana che avrebbe potuto intaccare le libertà comunali acquisite nel tempo. I Lombardi erano oltremodo diffidenti nei confronti di Federico per quanto aveva fatto nel regno di Sicilia, dove aveva imposto un dominio di tipo assolutistico, contrario alla mentalità indipendente dei comuni del nord.
Questo timore, fomentato dall'ostilità del papato verso Federico, contribuì a far fallire ogni politica imperiale nel regno d'Italia, ponendo le basi per il conflitto. Gregorio IX appoggiava celatamente i comuni guelfi per indebolire il potere imperiale che rischiava di serrare in una tenaglia lo Stato Pontificio. In realtà Federico aveva l'impellente necessità di collegare il regno di Sicilia al resto dell'impero attraverso i domini pontifici orientali e, per questo, erano già nati attriti con papa Onorio ma, almeno inizialmente, non aveva intenzione di minacciare i possedimenti papali.
Allo stesso modo nel regno d'Italia Federico non voleva imporre in modo radicale la forma di governo centralizzata tipica del regno di Sicilia, come temevano i lombardi, egli, in un primo momento, cercava più semplicemente di mantenere aperto il collegamento tra il regno di Sicilia e quello di Germania. Troppe volte i lombardi avevano bloccato il transito ai dignitari imperiali dalla Germania verso sud.
Dopo il fallimento della dieta di Ravenna Federico si recò presso la Repubblica di San Marco dove incontrò il doge Jacopo Tiepolo e tentò, senza successo, di staccare Venezia dalla Lega.
Successivamente, nel 1232, indisse una nuova dieta ad Aquileia (dieta del Friuli) con l'intento di affrontare la politica tedesca messa in atto da suo figlio Enrico VII, re di Germania. Enrico, influenzato dalla politica del padre e da ministeriali svevi, stava sviluppando una politica volta a limitare il potere dei principi tedeschi nel tentativo di rafforzare la corona. Questo però metteva in pericolo la pace in Germania e andava contro i piani dell'imperatore che desiderava la pace tra i principi e la corona in modo da potersi dedicare ai problemi del regno d'Italia. Enrico poi con mosse malaccorte finì per favorire i principi.
In realtà Federico sapeva bene quale pericolo rappresentava per la stabilità dell'impero l'indipendenza data ai principi. Egli però era conscio della reversibilità del processo che aveva innescato. La sua visione politica per il futuro era quella di estendere anche nel regno di Germania la sua politica di accentramento dei poteri nella corona, la

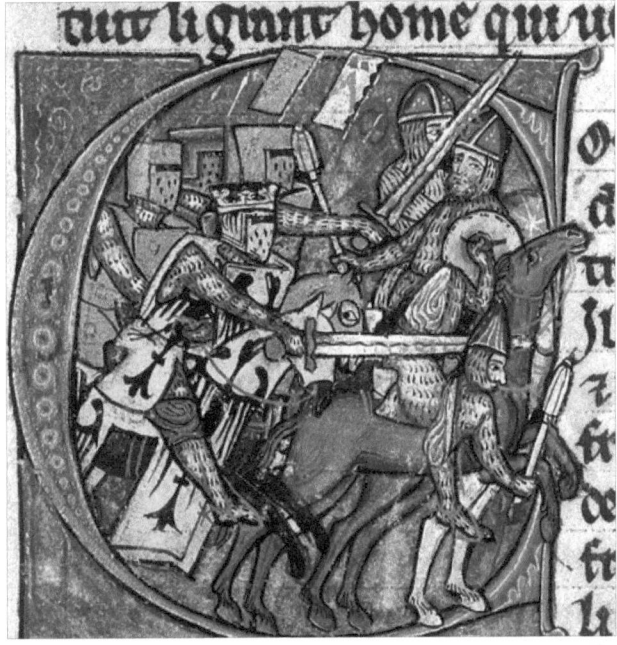

creazione di un unico cancellierato e l'insediamento di un unico giustiziere di corte per tutto l'impero ne era a dimostrazione, anche la decisione di gestire direttamente i territori dell'Austria, da parte di capitani generali siciliani, strappati con una guerra al ribelle duca di Babenberger andava in questa direzione. Questo sarebbe successo dopo aver sottomesso i Lombardi ma, la sconfitta di Parma, impedì il progetto, lasciando la Germania nell'anarchia e nell'indipendenza dei vari potentati.

L'incontro tra Federico e Enrico avvenne a Cividale dove fu spostata la dieta. Federico non poté sconfessare la politica avventata del figlio in Germania, concedendo maggiori libertà ai principi tedeschi, ad essi fu concesso il diritto di battere moneta e di amministrare autonomamente la giustizia. L'elezione dell'imperatore da quel momento verrà sempre decisa dai principi elettori secondo una logica feudale e Federico sarà l'ultimo ad essere eletto in forza della tribù d'appartenenza e dell'esercito. Il processo iniziato con il Barbarossa, teso a ridurre l'influenza dei ducati tribali, troverà il suo compimento nel nipote; il principio di regalità germanica basato sulla stirpe e sull'esercito lasciava il posto agli accordi tra i principi. Questo stato di cose porterà la Germania ad una frammentazione che si ricomporrà solo nel 1800. Federico quindi perseguiva due politiche diverse nell'impero: nel regno di Sicilia mirava ad uno stato assolutista mentre nel resto dei suoi regni delegava il suo potere a potentati locali, molto più di quanto avessero mai fatto i suoi predecessori.

Egli era consapevole che in Germania e in Italia non sarebbe stato in grado di imporre un dominio centralizzato a causa delle radicate forme di potere che si trovavano in quei regni. In Germania Federico con le sue concessioni cercava quindi di attirare a se i principi necessari ad appoggiarlo nella guerra contro i Lombardi e il papato. Se questo riuscì nell'immediato si rilevò nefasto nel futuro di tale nazione sempre più preda di particolarismi fuori controllo ad ogni sovrano dei secoli successivi.

Al momento la perdita delle regalie in Germania era bilanciata dalla fedeltà dei principi mentre il denaro per l'impero era garantito dalla gestione diretta dell'economia nel regno di Sicilia che rappresentava una forza che nessuno dei suoi predecessori poteva vantare.

Alla dieta del Friuli Federico ottenne comunque un importante successo politico, aveva convinto papa Gregorio a scomunicare il figlio Enrico e tutti i suoi sostenitori se questi si fosse rivoltato contro il padre. Cosa che puntualmente avvenne nel 1234, quando Enrico, stanco di essere controllato e indebolito dalle costrizioni politiche a cui era sottoposto dopo la dieta del Friuli, si ribellò all'imperatore. Al re ribelle si affiancarono gli scontenti del regno come i vescovi di Augusta, Würzburg, Worms, i ministeriali svevi desiderosi di un maggior potere della corona di Enrico.

▲ ◄ Altre due miniature tratte da dalla famosa bibbia Maciejowski. A destra uo scontro fra cavalieri, mentre qui sopra si vede una sortita fatta dall'interno delle mura di una città fortificata.
Two other miniatures taken from the famous bible Maciejowski. To the right a clash between knights, while above you see a sortie made from inside the walls of a fortified city.

Per Federico un colpo di fortuna volle che all'alleanza con suo figlio si legassero, nell'autunno di quell'anno, i Lombardi della Lega, acerrimi nemici del padre, mettendo, in questo modo, Federico in una posizione di forza del tutto nuova contro i comuni della Lega. Il papa fu infatti costretto a scomunicare Enrico, come promesso, mettendo in questo modo fuorilegge gli alleati del re tedesco, tra cui le città della Lega Lombarda, da sempre protette dal papa in funzione antimperiale.

Enrico VII, in cerca d'appoggi per ogni angolo dell'impero, si era alleato con il peggior nemico di suo padre, grazie agli accordi con il podestà di Milano di quel periodo, Manfredo di Cortenuova, già podestà di Verona nel 1226 al tempo degli accordi di Mosio, e grande animatore della Lega. Enrico, in cambio dell'appoggio fornito da Milano e, quindi, della Lega, abdicava ad ogni pretesa di controllo da parte dell'impero, rinunciando all'esazione di tasse e imposte oltre all'arruolamento delle milizie cittadine nelle file dell'impero. Tuttavia per la Lega non fu un buon affare, trovandosi ora contro il papa. Anche nell'immediato Milano e i suoi alleati non ottennero i frutti sperati. Dopo una carestia dovuta al gelido inverno del 1234, a Genivolta si svolse l'inconcludente battaglia con Milano appoggiata da Brescia e i fuorisciti piacentini contro Cremona appoggiata a sua volta da Padova e Pavia.

Per sopprimere la rivolta in Germania Federico, nella primavera del 1235, risalì l'Adriatico senza esercito raggiungendo, attraverso il Friuli, il territorio tedesco dove venne accolto da trionfatore, mettendo fine alla rivolta senza combattere.

I tedeschi furono conquistati dai modi di fare dell'imperatore, che mancava ormai da sette anni dalla Germania. Il seguito esotico della corte meravigliò i contemporanei, i cammelli, le scimmie, i leopardi e gli elefanti lasciarono sbalorditi i tedeschi.

Re Enrico venne incarcerato e privato della dignità reale. Egli ebbe salva la vita ma passò il resto della sua esistenza nelle prigioni del regno di Sicilia. Fino a che, dopo sei anni di cattività e a soli 30 anni, si uccise gettandosi da un burrone con il proprio cavallo durante un trasferimento. Il suo corpo fu sepolto nel duomo di Cosenza.

Dalla Germania Federico si trovava nelle condizioni migliori per mettere fine una volta per tutte alla rivolta dell'odiata Milano.

La campagna del 1236

Le Chiuse sull'Adige che per troppo tempo avevano bloccato e controllato ogni passaggio da e per la Germania, erano di vitale importanza per permettere la discesa dell'esercito imperiale verso la pianura Padana, occuparle significava aprire le città del Veneto occidentale alle truppe imperiali.
In questa impresa vi riuscì il brutale Ezzelino da Romano, vicario imperiale e signore della marca Trevigiana, coetaneo e genero di Federico II, dopo che questi gli aveva dato in sposa sua figlia Selvaggia. La crudeltà di Ezzelino fu tale che, unico nella storia della chiesa, il papa indisse una crociata rivolta espressamente contro la sua persona. Era un ghibellino convinto e fedele all'imperatore da cui trasse il modo assolutistico di fare politica.
Nell'agosto del 1236 Gebardo di Arnstein con 500 cavalieri e 100 arcieri mercenari d'avanguardia seguiti da 1000 cavalieri e alcune centinaia di fanti guidati da Federico marciarono su una Verona saldamente ghibellina, dove giunse il 16 agosto. Da lì le truppe imperiali si portarono a saccheggiare il contado di Mantova che bloccava i collegamenti degli imperiali con le città alleate dell'Emilia. Furono occupate due fortezze della Lega; Marcavia e Mosio per poi minacciare da vicino Mantova.
Successivamente gli imperiali si portarono sul territorio di Brescia mentre Ezzelino si occupava della marca Trevigiana scagliandosi contro le città di Padova, Treviso e Vicenza.
In ottobre minacciate le Chiuse sull'Adige dai collegiati, Ezzelino chiese aiuto all'imperatore che marciò velocemente con la sola cavalleria da Cremona, dove si trovava, a San Bonifacio ad oriente di Verona il primo novembre, decidendo poi di dirigersi non verso Ezzelino, impegnato alle Chiuse, ma verso Vicenza, cosa che provoco lo scioglimento dell'esercito della Lega. I Vicentini accorsero verso la loro città nel tentativo di difenderla. Federico raggiunse Vicenza lo stesso giorno percorrendo in poche ore la distanza tra Vicenza e San Bonifacio. La città priva dei suo difensori fu saccheggiata e affidata ad Ezzelino a cui l'imperatore diede questo consiglio mentre passeggiavano nel giardino del vescovo: estratta la spada disse: "Ti voglio insegnare come puoi assicurarti il potere e il governo della città" così dicendo tagliava le cime delle piante più alte.
Con questa vittoria tutte le città del Veneto passavano all'imperatore. L'inverno successivo Ezzelino riuscirà ad impadronirsi di Padova e di Treviso grazie alla fazione ghibellina, insediando podestà imperiali come il napoletano conte di Teatino a Padova, imponendo guarnigioni con soldati tedeschi e saraceni.

Nello stesso periodo il duca d'Austria Babenberger si era rivoltato contro Federico prendendo prigionieri dei messi imperiali e conducendo razzie nei territori vicini. L'imperatore fu costretto a distaccare dall'armata principale diretta in Italia i Bavaresi e il re di Boemia per avere ragione del duca rivoltoso. Federico stesso dovette comunque portarsi con l'esercito verso l'Austria giungendovi quando ormai la rivolta del duca era stata soffocata. Lì passò l'inverno in attesa di ripassare le Alpi per punire i Lombardi, ciò malgrado i pretestuosi tentativi del papa di venire ad una conciliazione in vista di una nuova crociata. Lo Svevo non si fece deviare dai suoi propositi, rispondendo a Gregorio come Milano fosse un rifugio di eretici. Per Federico chi si macchiava di eresia era un pericolo per lo Stato essendo essa una forma di ribellione all'ordine costituito del mondo di cui l'imperatore era garante.

La campagna del 1237

La campagna del 1236 aveva portato all'imperatore solo successi parziali, ciononostante la gran parte dell'Italia orientale era ora sotto il completo dominio dell'impero e dei suoi seguaci, primo fra tutti Ezzellino da Romano. Proprio questo fatto aveva allarmato ancor più la potente Venezia che non lesinava aiuti alla Lega per poter stornare la minaccia imperiale dal suo entroterra.
A rafforzare la volontà bellica dei collegiati lombardi intervennero anche le elezioni a podestà di Milano del veneziano Pietro Tiepolo, nipote del doge e, a Brescia del guelfo Conte Egidio di Cortenuova già vicario dell'imperatore Ottone IV e da sempre nemico di Federico II.
Il 1237 si apriva quindi con diversi successi dei collegiati lombardi. I conti di Cortenuova riuscirono a far passare dalla parte della Lega il castello di Palosco riuscendo così a controllare la strada fino a Palazzolo in direzione di Bergamo. I Milanesi dal canto loro ottennero alcuni successi in Lomellina, mentre i Mantovani occupavano il borgo di Marcaria ai danni dei Cremonesi.
Il successo più grande per la Lega fu però il riuscito colpo di stato dei guelfi a Piacenza che, scacciati i rappresentati della fazione ghibellina dalla città, chiedeva di entrare nella Lega per combattere l'imperatore.
In estate avvenne un infruttuoso tentativo di pace promosso da papa Gregorio, sempre più preoccupato da una possibile vittoria imperiale sulle truppe dei comuni che avrebbe avuto ripercussioni negative sul papato. L'arcivescovo di Messina e il patriarca di Antiochia si incontrarono con i diplomatici imperiali Taddeo Sessa e l'immancabile Pier delle Vigne. I colloqui si svolsero in Lombardia nel mese di giugno con l'unico risultato di posticipare l'inizio della campagna militare da parte degli imperiali.

▶ Martirio dell'arcivescovo di Canterbury San Thomas Becket, prima metà XIII secolo. (Treviso, museo diocesano).

Martyrdom of St. Thomas Becket of Canterbury, the first half of the thirteenth century. (Treviso, Diocesan Museum)

◀ L'imperatore riceve atto di sottomissione da parte del volgo Miniatura della Bibbia di Maciejowski.

The emperor receives act of submission by the common people Miniature Bible of Maciejowski.

Il fallimento delle trattative mise in movimento le armate imperiali nella tarda estate del 1237.
Dopo la dieta di Vienna per sistemare le faccende austriache l'imperatore partì per Spira in cui, il giorno di Pentecoste, incontrò i principi, ponendo poi il campo a Lechfeld dove ad agosto radunò l'esercito per la spedizione in Lombardia.
A settembre l'imperatore era a Verona con circa 2000 cavalieri tedeschi, dove si unì al resto dell'esercito imperiale.
L'intenzione di Federico II era di assicurarsi una volta per tutte la parte orientale della Lombardia e staccare Mantova dall'alleanza con la Lega in modo d'interrompere le comunicazioni tra i comuni ribelli e Venezia e, soprattutto, avere le spalle coperte nella successiva offensiva contro Milano.
Le operazioni iniziarono a settembre con l'assedio e la capitolazione del castello di San Bonifacio il 10 settembre in Veneto. Successivamente l'esercito imperiale attaccò il territorio mantovano distruggendo diversi castelli e devastandone il contado. Venne assediato il castello di Redondesco che si arrese il primo di ottobre.
I Mantovani furono certo impressionati da quello che era uno dei più potenti eserciti mai messo in campo da un imperatore del Sacro Romano Impero. Vennero così mandati degli ambasciatori per trattare una tregua con Federico II. L'imperatore decise di accettare le proposte degli ambasciatori mantovani concludendo rapidamente un trattato di pace. Ora le truppe imperiali potevano dirigere con tranquillità la loro offensiva contro l'esercito della Lega.
Il primo obbiettivo era la città di Brescia.
Già il 5 ottobre veniva occupato Carpenedolo e Casaloldo in territorio bresciano. Il 7 dello stesso mese iniziò l'assedio al castello di Montichiari alla cui difesa i Bresciani avevano provveduto per tempo con cavalieri e fanti, a cui si aggiungevano gli abitanti dei borghi vicini che rifugiandosi nel castello contribuirono nelle operazioni di difesa, le fonti indicano la presenza di circa venti milites e 1500 fanti, oltre agli uomini del contado rinchiusi nel castello. Nello stesso momento molti feudatari della nobiltà minore che si trovavano nel territorio bresciano passarono dalla parte dell'imperatore, ribellandosi al comune di Brescia. Per evitare la perdita di Montichiari per tradimento, Brescia, inviò, a presidiare la fortezza, alcuni dei maggiori rappresentanti del partito guelfo della città, tra questi cavalieri vi erano Corrado de Camignonibus, Corrado de Ugonibus, Corrado de Camignonibus, Gozio de Poncarale e Corrado de Concesa, quest'ultimo poi aveva aderito alla Lega come podestà di Como nel 1235.
Montichiari venne subito investita dalle truppe imperiali con ampio uso di macchine d'assedio. Contro le potenti mura del castello si riversò un continuo tiro d'artiglieria di mangani e catapulte.
Malgrado ciò la coraggiosa guarnigione di Montichiari resistette per 14 giorni finendo per cedere davanti all'assalto delle soverchianti forze nemiche. Il castello e il vicino borgo vennero distrutti e molti furono i prigionieri e, a seguito della perdita di Montichiari, altre località vennero facilmente occupate, tra cui Gambara, Gotolengo, Pralboino, Pavone e il munito castello di Pontevico. Fu un duro colpo per Brescia.
La resistenza di Montichiari aveva dato però la possibilità all'esercito della Lega di organizzarsi e di avere il tempo per raggiungere Brescia. Il 2 novembre, dopo un tragitto in territorio alleato, che aveva attraversato i principali fiumi; l'Adda a Cassano, il Serio presso il guado di Fara Olivana e, infine, l'Oglio sui ponti di Palazzolo e di Pontoglio, l'armata dei comuni federati si concentrò a Brescia, mettendo la città al riparo da un eventuale assedio nemico.
Unitisi alle forze bresciane l'esercito della Lega rimase per sette giorni nei pressi di Brescia in attesa delle mosse nemiche. La scarsa propensione nel contrastare gli imperiali era evidente. Non entusiasmava il fatto di giocarsi tutto in un'unica battaglia, soprattutto, quando si occupava una posizione difensiva difficilmente attaccabile, confidando, vista anche la stagione, nella fine delle ostilità dovuta all'inverno.
I collegiati si sarebbero quindi accontentati di stornare il pericolo dai comuni principali della Lega lasciando al nemico alcuni, seppur importanti, castelli, così come era successo l'anno precedente.
Il continuo imperversare di Federico II nel contado bresciano, convinse alla fine i capi dell'esercito lombardo di muovere contro gli imperiali, più per bloccarne le mosse che per combattere in modo deciso. Il 10 novembre l'esercito dei comuni si mosse quindi da Brescia verso Pontevico sul fiume

TAVOLA A

TAVOLA B

TAVOLA C

TAVOLA D

TAVOLA E

TAVOLA F

TAVOLA G

TAVOLA H

TAVOLA I

TAVOLA J

TAVOLA K

TAVOLA L

TAVOLA M

TAVOLA N

TAVOLA O

▶ ▼ A destra la campagna militare che ha condotto le due armate avversarie al tragico appuntamento di Cortenuova.

Sotto le fasi più importanti della battaglia di Cortenuova, durate l'arco del 27 e 28 novembre 1237.

At right the military campaign which led the two opposing armies to the tragic event of Cortenuova battle.

Under the most important steps of the battle of Cortenuova, during the wo days on 27 and 28 November 1237.

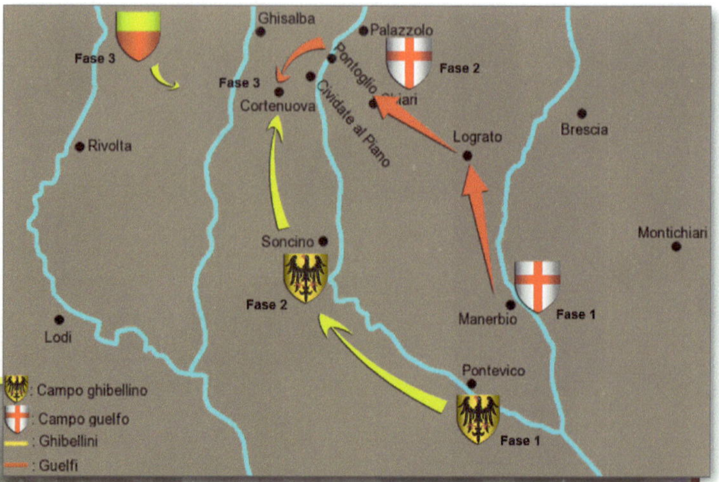

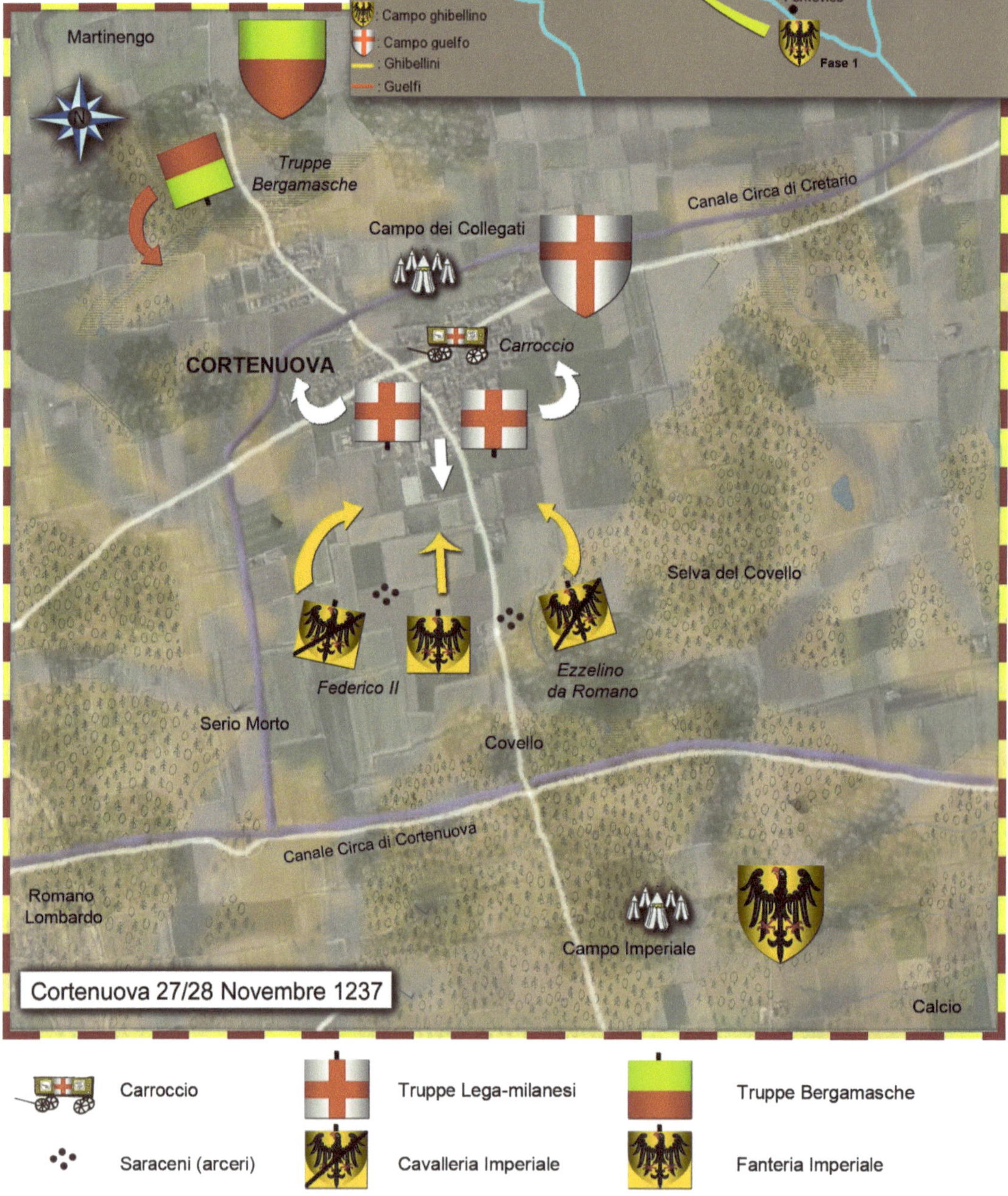

Carroccio	Truppe Lega-milanesi	 Truppe Bergamasche
Saraceni (arceri)	Cavalleria Imperiale	Fanteria Imperiale

TAVOLA P

Oglio, dove si trovava l'esercito imperiale.

Attraversato il fiume Mella presso Manerbio i collegiati si accamparono in una vasta piana a sud di quest'ultimo borgo. A pochi chilometri più a sud si trovava l'accampamento nemico a nord di Pontevico. A separare le due armate vi era un piccolo torrente, il Risignolo, allora in piena per le insistenti piogge autunnali.

La posizione strategica presa dalle forze della Lega era quanto mai felice: difficilmente attaccabile dal nemico, circondati da un terreno in gran parte paludoso, essi potevano controllare tutte le principali direttrici per Milano e Brescia. Veniva inoltre impedito agli imperiali di continuare la loro opera di devastazione del contado, dato che erano costretti, dalla vicinanza del nemico, a concentrare tutte le loro forze in attesa di un possibile assalto.

Si realizzò una situazione di stallo con i due contendenti che si osservavano al di là del Risignolo, separati da sole quattro miglia, senza che nessuno osasse solo intraprendere una scaramuccia o altri tentativi di sfida.

Il tempo giocava a favore dei comuni lombardi. Il cosmopolita esercito feudale di Federico rischiava di sfaldarsi nell'attesa. Le piogge di quei giorni di fine autunno, il freddo in accampamenti non adeguati alla stagione, l'umidità che arrugginiva le armi, soprattutto le delicate cotte di maglia ad anelli che necessitavano di continua manutenzione. Tutto ciò non aiutava l'armata imperiale che combatteva ininterrottamente da settembre, ben oltre i termini imposti dalle consuetudini feudali.

A risollevare il morale delle truppe di Federico fu l'arrivo dell'intero esercito di Pavia insieme a 100 cavalieri di Tortona. Con essi giunse anche un piccolo contingente di 200 Bergamaschi, distaccato dal grosso delle forze, rimasto a presidiare Bergamo.

Per 14 giorni durò stallo tra i due più grandi eserciti che si erano mai fronteggiati in quei secoli nel regno d'Italia. Durante quegli uggiosi giorni in cui le spade riposarono nel fodero, vi furono dei tentativi di conciliazioni, da parte della Lega vennero inviati dei religiosi, delegati più a discutere la fine della campagna di quell'anno che a stipulare un accordo di pace duraturo. Federico con l'esercito più grande mai radunato da un imperatore del Sacro Romano Impero fino ad allora non aveva nessuna intenzione di smobilitare prima di un risultato concreto contro i collegiati, le trattative fallirono ancora prima di cominciare. Lo Svevo cercò anzi di proporre un accordo per venire a battaglia il più presto possibile chiedendo che l'esercito della Lega permettesse ai suoi soldati di attraversare indisturbati il Risignolo per poi attaccare regolare battaglia o, in alternativa, che essi stessi attraversassero il torrente in piena per poi venire alle armi.

I capi della Lega non risposero neppure a queste proposte, la loro strategia mirava al logoramento dell'avversario. Strategia che cominciò a dare i suoi frutti quando alcuni reparti di soldati mercenari chiesero ed ottennero di essere congedati mentre nell'accampamento il fango e la pioggia unito all'inattività avevano intaccato il morale dell'esercito, senza poi contare il costo di un esercito così numeroso per le casse imperiale che venivano velocemente prosciugate.

L'imperatore doveva agire velocemente e decidere se ritirarsi negli acquartieramenti invernali o cercare la battaglia in qualsiasi condizione.

Federico II prediligeva la diplomazia all'arte bellica, durante il suo regno le scelte militari non furono sempre azzeccate ma questa volta aiutato nel consiglio di guerra da suggerimenti preziosi dei suoi alleati, primi fra tutti i Cremonesi e Ezzelino da Romano, Federico congegnò un piano per far cadere il nemico in una gigantesca trappola.

Alle prime luci del 22 novembre, dalla sponda nord del Risignolo, i Lombardi poterono osservare come l'esercito avversario stava smantellando il campo per ritirarsi verso sud a Cremona. Gli imperiali stavano facendo quello che essi si aspettavano da giorni.

Federico II aveva congedato gli eserciti dei comuni alleati e alcuni contingenti mercenari meno affidabili e aveva inoltre fatto circolare tra i suoi la voce che si sarebbe ritirato per chiudere la campagna di quell'anno e riprendere la guerra la successiva primavera. I capi della Lega, venuti a conoscenza di ciò, non ebbero neppure per un attimo il presentimento che ciò fosse falso, semplicemente vollero credere a quello che più gli faceva comodo.

In realtà l'imperatore aveva sì passato l'Oglio ma, invece di portarsi sulla fida Cremona, marciò verso nord ovest in direzione del castello di Soncino, dove si accampò con l'esercito.

L'esercito della Lega lasciò a sua volta la forte posizione che aveva occupato in precedenza, ogni contingente comunale avrebbe poi preso la via di casa. L'esercito della Lega nella campagna di quell'anno non aveva praticamente combattuto ma poteva dirsi soddisfatto di aver bloccato l'armata imperiale nella sua marcia vittoriosa.

I primi a staccarsi dal grosso dell'esercito fu l'armata bresciana che rientrò nella vicina città. Gli altri proseguirono per 36 chilometri verso nord ovest lungo la strada per Offlaga, Lograto e infine Chiari, lontani dalla più disagevole strada lungo la sponda sinistra dell'Oglio da cui meno di due miglia li avrebbero separati dalle truppe di Federico sull'altra sponda e forse, in tal caso, avrebbero sospettato che dall'altro lato del fiume vi era l'esercito nemico in agguato.

Le forze della Lega raggiunsero i ponti di Palazzolo e di Pontoglio dove avrebbero riattraversato il fiume dalle stesse località su cui erano transitati un mese prima per soccorrere Brescia. Il Carroccio transitò per il ponte in pietra di Palazzolo con la cavalleria e i carriaggi più pesanti mentre la fanteria transitava al ponte di legno di Pontoglio, più vicino alla strada per Milano.

La lunga colonna avrebbe poi preso la strada principale che all'epoca collegava Milano a Brescia e passava per la contea di Cortenuova.

Il percorso verso occidente era scontato e Federico poteva scegliere il terreno migliore dove tendere l'agguato tra l'Oglio e il Serio.

▲ La sfarzosa corte che l'imperatore Federico II scelse di mantenere a Palermo, doveva essere qualcosa di veramente sublime. Questo svevo dl nord Europa si era letteralemte innamorato dell'Italia meridionale e del suo clima, tanto da spostare laggiù il centro del comando imperiale. Quadro di Arthur Georg von Ramberg (1819 - 1875).

The magnificent court that the Emperor Frederick II chose to keep in Palermo, had to be truly sublime. Picture of Arthur Georg von Ramberg (1819 - 1875).

CORTENUOVA

Da Soncino Federico aveva predisposto il modo con cui tendere la trappola alla colonna nemica. Da nord l'esercito bergamasco si sarebbe dovuto portare su Ghisalba da dove avrebbe bloccato il passaggio del nemico sul Serio, marciando poi a sud su Cortenuova dove avrebbe preso i ribelli alle spalle, circondando così l'armata nemica in una tenaglia.

Il grosso dell'esercito imperiale si mosse in segreto da Soncino la sera del 26 novembre in direzione di Cortenuova dove già in quella giornata erano giunti i primi reparti della Lega con il Carroccio trainato da cavalli invece che dai buoi allo scopo di avere una maggior velocità.

A coordinare i movimenti degli imperiali vi era l'importante guarnigione bergamasca di Cividate al Piano che, lungo la sponda destra dell'Oglio, dominava il territorio circostante, potendo osservare tranquillamente i movimenti della colonna lombarda in marcia tra i ponti dell'Oglio e Cortenuova. Gli spostamenti del nemico erano comunicati all'imperatore tramite segnali di fumo cosa che avrebbe indicato il concentrarsi dei collegiati a Cortenuova.

Fu proprio grazie al coordinamento dato dal castello, veri occhi dell'esercito imperiale che Federico, partendo da Soncino, poteva gettare la sua rete.

Nel campo della Lega non si fece caso ai segnali di fumo con cui il castellano di Cividate al Piano comunicava con il suo imperatore. A nessuno venne in mente di assediare o attaccare il castello che pur era una minaccia all'interno del territorio controllato dalla Lega lungo l'importante via che collegava Milano a Brescia. Per i Milanesi e i suoi alleati la guerra per quella stagione era ormai finita e si respirava un clima del tutti a casa.

La mattina del 27 il grosso dell'esercito della Lega si mise in marcia verso Cortenuova dove era prevista una sosta, lasciandosi alle spalle i passaggi sull'Oglio la colonna si incamminò lentamente sulle strade rese fangose dalle insistenti piogge dei giorni passati, rimanendo sempre sotto lo sguardo attento dei Bergamaschi dagli spalti di Cividate.

In epoca medioevale non vi era una cavalleria leggera impiegabile in operazioni di ricognizione, per cui non si aveva idea di eventuali minacce. Si sapeva che l'esercito bergamasco era in zona ma mai avrebbe osato attaccare la colonna di un esercito così numeroso. Non vi fu così nessuna misura di controllo del territorio circostante che avrebbe messo in guardia sulla presenza del numeroso esercito imperiale nascosto poco a sud di Cortenuova. Il racconto di un cronista ghibellino secondo cui un cavaliere imperiale si era avvicinato ai Milanesi con segno di sfida dicendo che quel giorno vi sarebbe stata battaglia fu certo un'aggiunta propagandistica atta a sminuire l'effetto dell'imboscata. All'epoca non era ritenuto cavalleresco vincere una battaglia con l'inganno o la dissimulazione, i combattimenti erano leciti se la sfida avveniva tra due schiere equivalenti in campo aperto riconoscendo nello scontro un giudizio sacro e inappellabile.

Molto probabilmente l'esercito della Lega non era al corrente della presenza dell'esercito imperiale a Soncino, o che, comunque, non si diede credito alle voci sulla vicinanza nemica, dato che la guardia non fu rafforzata in alcun modo.

A fine mattinata del 27 la gran parte dell'esercito aveva raggiunto Cortenuova con i Milanesi e Piacentini che già preparavano il campo a meno di un chilometro a sud del castello di Cortenuova nelle cui vicinanze si era posizionato il Carroccio con le salmerie allargando il fossato del castello per una miglior protezione. Sull'Oglio era rimasta una retroguardia di circa 1000 Milanesi che non avrebbe partecipato allo scontro di quella giornata.

Intorno a mezzogiorno le truppe lombarde rizzavano il campo nell'ampia piana erbosa cantando allegramente, forse per la gioia di ritornare alle proprie abitazioni. Ancora oggi questi campi sono chiamati di Cantalode.

L'esercito imperiale aveva percorso i 18 chilometri che separavano Soncino da Cortenuova durante la notte. Federico aveva poi dislocato le sue forze all'interno del bosco di Covello, dove, in mattinata,

▲ Scena di battaglia sotto le mura della città nemica. Miniatura della Bibbia di Maciejowski.

Battle scene below the walls of the enemy city. Miniature Bible of Maciejowski.

◄ Battaglia di Montaperti altro importantissimo scontro fra guelfi e ghibellini del XIII secolo. (Miniatura per Giovanni Villani, Biblioteca Apostolica Vaticana inizio XIV secolo).
Battle of Montaperti another famous battle between the Guelphs and Ghibellines of the thirteenth century.

► Scultura di un cavaliere tedesco con il caratteristico elmo pentolare e la cotta di maglia metallica ad anelli. (circa 1280, Konstanz Munster).

Sculpture of a German knight with the characteristic helmet and chainmail coat. (about 1280, Konstanz Munster)

nascosti da occhi indiscreti, soldati e cavalli potevano riposarsi dalla faticosa marcia notturna mentre l'imperatore attendeva con calma che il grosso dell'esercito ribelle si concentrasse nel terreno di Cortenuova.

Il campo lombardo e gli imperiali nascosti nel bosco erano separati da un piccolo canale detto Circa de Curtenova (oggi Fosso Bergamasco) che segnava il confine di quella contea e che non avrebbe rappresentato un ostacolo militare per gli attaccanti.

Nel primo pomeriggio ormai l'esercito della Lega era in gran parte arrivato a destinazione. Il segnale di fumo convenuto venne quindi dato dal castello di Cividate e, per maggior chiarezza, venne ribadito con l'incendio di una vicina chiesa di campagna.

Federico suddivise la cavalleria in sette schiere principali con la fanteria al centro, i saraceni ai lati e la cavalleria pesante a chiudere le ali dello schieramento, l'imperatore prese posizione sull'ala sinistra. Verso le tre del pomeriggio l'esercito imperiale usciva velocemente dal bosco di Covello per lanciarsi all'assalto dell'accampamento nemico al grido "Miles, Roma! miles, imperator!".

Le due ali della cavalleria imperiale attaccarono rispettivamente il campo nemico da est e da ovest mentre la fanteria puntava direttamente sul lato sud del campo. Cominciava così il massacro. Con la cavalleria dell'ala sinistra ad essere la prima ad ingaggiare le sorprese milizie della Lega.

I collegiati nel campo furono colti di sorpresa, completamente impreparati e disarmati furono falciati dalla cavalleria imperiale che per prima era penetrata nell'accampamento avversario. I Lombardi non ebbero il tempo di indossare le armature finendo per essere letteralmente fatti a pezzi dalle armi imperiali. I primi a subire l'assalto furono le milizie Milanesi e Piacentine, quelli di loro che non vennero uccisi o fatti prigionieri si riversarono, in cerca di scampo, verso il castello gettando panico e scompiglio nel resto dell'esercito.

A subire maggiormente dell'attacco imperiale furono le truppe di fanteria mentre i milites, presso i carriaggi con le armi e il Carroccio, ripresisi dalla totale sorpresa cominciarono ad organizzarsi per la difesa.

Federico conquistò rapidamente il campo nemico senza che vi fosse un effettiva resistenza, in quella prima fase molti nemici furono uccisi o catturati con estrema facilità. Questa prima fase della

battaglia, che era durata meno di un ora, si era conclusa, successivamente l'imperatore decise di puntare contro il Carroccio per chiudere la partita. Finiva il massacro e cominciava la battaglia vera e propria.

Le scosse truppe comunali si erano radunate intorno al Carroccio per un estrema difesa, favoriti dalla possente mole del castello di Cortenuova e dai fossati realizzati in quei giorni intorno al Carroccio, come sempre perno della difesa.

La compagnia dei Forti guidati da Enrico da Monza rappresentava il cuore della difesa e contribuì non poco a rinsaldare gli animi di un armata così duramente provata. I primi ad attaccare furono i saraceni che, fidando in una facile vittoria, si erano spinti avanti per invischiarsi in un corpo a corpo a cui non erano preparati, venendo facilmente respinti.

A questo punto l'esercito imperiale raddoppiò gli sforzi per appropriarsi del Carroccio, spronati dall'esempio dell'imperatore, di suo figlio Enzo e da quello d'Ezzelino da Romano che guidava le truppe trevigiane e venete, anche le milizie di Cremona e Pavia si lanciarono contro l'odiato nemico con particolare ardimento. A tenere testa a queste forze furono determinanti i Milanesi che

◄ Come già a Legnano circa settant'anni prima, anche a Cortenuova lo scontro più accesso si sviluppò attorno all'emblematico simbolo del Carroccio. Battaglia di Legnano di M.D'Azeglio.

As has already been in Legnano about seventy years before, also in the battle of Cortenuova the confrontation developed around the emblematic symbol of the Carroccio. Battle of legnano of M.D'Azeglio.

► Bella stampa ottocentesca che raffigura il carroccio stupendamente bardato dalle autorità dei comuni lombardi, con in testa il vescovo.

Finest nineteenth century print depicting the Carroccio beautifully decked out by the authorities of the Lombard, led by the Milanese bishop.

combattevano appiedati tentando di respingere il nemico lontano dal Carroccio.
Anche questa volta i milites della compagnia dei Forti resistettero con intrepido coraggio, coagulando intorno ad essi la resistenza milanese e del resto della Lega.
E' probabile che la maggior parte di questa azione si sia svolta prevalentemente con combattimenti di guerrieri appiedati piuttosto che a cavallo. Se per i difensori era più agevole combattere a piedi, serrando i ranghi, per gli attaccanti l'attraversamento del fossato e lo scarso spazio per lanciare le cariche di cavalleria devono aver fatto prevalere un azione di fanteria, con molti cavalieri appiedati intenti a creare una breccia verso il Carroccio. Solo dove lo spazio era maggiore la cavalleria poté intervenire in modo adeguato ma, nelle vicinanze del castello il fossato e gli ostacoli creati dai difensori devono aver reso difficile questa opzione.
Mentre le milizie imperiali attaccavano i saraceni tempestavano i difensori di frecce, approfittando di bersagli immobili serrati a difesa, ciò fino a quando il calare di una fitta nebbia impedì l'uso di armi dal getto. E' probabile che anche gli imperiali che attaccavano dalla parte del castello furono presi sotto tiro dal nemico posizionato sugli spalti.
Mentre la nebbia cominciava a calare l'attacco imperiale al Carroccio raggiunse la massima violenza, tanto che i soldati di Federico riuscirono a lambire e quasi conquistare l'importante mezzo milanese. Anche questa volta però l'unità e il valore dei difensori riuscì a respingere l'assalto a prezzo di gravi perdite.
Con l'alzarsi di una fitta nebbia, tipica della regione e della stagione, calò repentina anche la notte.
A questo punto l'imperatore ritenne opportuno sospendere gli attacchi. Troppo rischioso combattere nel buio e nell'incertezza della notte una battaglia già vinta, che, nell'oscurità, rischiava di essere compromessa. Verso le 17.00 la battaglia poteva dirsi conclusa.
Il nemico sconfitto si trovava senza via d'uscita, circondato com'era da ogni lato, con l'esercito bergamasco che calava da nord, la cui cavalleria aveva, nel tardo pomeriggio, attaccato con successo i carriaggi scortati dalla retroguardia, lungo la strada che da Pontoglio collegava Cortenuova.
Gli imperiali si ritirarono nel campo appena conquistato a sud di Cortenuova dove attesero fiduciosi l'alba del giorno dopo, riposando con indosso l'armatura e le armi vicine. Il giorno successivo avrebbe raccolto il successo della battaglia del pomeriggio precedente.
Per Federico II quelle due ore di combattimenti furibondi furono la maggior vittoria militare riportata dall'imperatore e rappresentarono il suo massimo successo politico nei confronti dei comuni lombardi e del papato.
Ecco come la cancelleria imperiale descrive gli avvenimenti di quel pomeriggio in una lettera scritta pochi giorni dopo la battaglia e indirizzata alla curia romana: "Ma allorché spavento e frastuono rimbombarono al Nostro arrivo come tuoni nel cielo, con tale rapidità essi si volsero alla fuga che

fino al loro Carroccio, che avevano mandato innanzi a Cortenuova, nessuno dei fuggitivi riuscì a vedere in faccia uno dei nostri. E quando Noi, col nucleo del nostro esercito, credemmo di dover accorrere in aiuto dei nostri, trovammo le strade ostruite da cavalli vaganti senza cavalieri e ostruite da cavalieri disarcionati e massacrati nella mischia. Dopo aver fatto rialzare i caduti e averli incatenati, ci rivolgemmo al Carroccio che trovammo a Cortenuova, difeso da baluardi e terrapieni, circondato da un'infinità di cavalieri in lotta: e ci accingemmo a conquistarlo e portarlo con noi. Infine scorgemmo alcuni dei nostri superare il margine dei trinceramenti e avanzare quasi sino al timone del carro. Ma poiché stava scendendo la nebbia notturna, rinunciammo all'impresa e ci concedemmo un riposo, che i nostri desideravano il più possibile lungo: tuttavia deponemmo solo le spade e non togliemmo le cotte".
Se le truppe imperiali potevano attendere con fiducia l'alba per i collegiati era tutta un'altra faccenda. I capi superstiti della Lega si riunirono in concilio nel castello, prendendo la decisione di sganciarsi dal nemico col favore delle tenebre e di non attendere il nemico per una nuova battaglia che li avrebbe visti, quasi certamente, soccombere. Sapevano che la strada a nord era presidiata dai Bergamaschi ma, forse, quella notte avrebbero potuto sfilargli sotto il naso approfittando di qualche varco lasciato incustodito.
I collegiati raccolsero ciò che potevano portarsi appresso nella fuga, smontarono il Carroccio, forse con l'intento di trasportarlo in qualche modo, per poi abbandonarlo, riuscendo a portare con loro solo il gonfalone appeso alla grande croce che sormontava il Carroccio.
Nottetempo i soldati e gli abitanti di Cortenuova abbandonarono il castello e il borgo teatro della battaglia. Sapevano che non potevano arrendersi, l'imperatore li considerava ribelli e, a differenza di quanto accadeva al tempo del Barbarossa, non avrebbero potuto sperare nella clemenza imperiale, la lotta era diventata troppo ideologica e non sarebbero stati risparmiati da una triste sorte.
La maggior parte delle perdite vi fu nella ritirata. Tra i fuggiaschi non vi era unità di vedute circa il percorso da intraprendere. Alcuni si diressero verso il Serio altri ritornarono verso l'Oglio nel tentativo di raggiungere Brescia, entrambi i fiumi erano in piena e ciò causò la morte per annegamento di una gran quantità di uomini che disperatamente tentarono di guadare questi fiumi. Molti altri vennero catturati dai nemici il giorno seguente nei villaggi vicini a Cortenuova dove cercavano di nascondersi. I superstiti di quella fuga furono pochi.
Poco più di un migliaio che, attraverso strade tortuose sui monti, raggiunse la Valsassina in territorio bergamasco incalzati da vicino dalle milizie di Bergamo. Solo la missione di soccorso, guidata da

Milano da Pagano della Torre, impedì il totale annientamento della colonna di fuggiaschi, cosa che avrebbe contribuito a portare la famiglia della Torre ai vertici della politica di Milano e, infine, alla signoria di quella famiglia sulla città pochi decenni dopo gli avvenimenti di Cortenuova.

La retroguardia milanese che al momento della battaglia era rimasta a Palazzolo, circa 1000 fanti e 200 cavalieri, si trovò impossibilitata a raggiungere Milano per la via diretta, dovendo così risalire le valli bresciane fino in Valcamonica e poi la Valtellina per poi raggiungere il lago di Como e li ridiscendere via nave verso il territorio milanese.

Il giorno seguente, dissoltasi la nebbia del mattino, gli imperiali trovarono Cortenuova abbandonata, solo i caduti circondavano l'abitato. Ingente fu il bottino. Il Carroccio venne ricostruito e spedito a Cremona. Anche il gonfalone con la grande croce venne ritrovato nelle campagne circostanti abbandonato durante la fuga precipitosa lungo un sentiero fangoso.

Moltissime le perdite tra i collegiati, oltre 10.000 uomini di cui oltre la metà prigionieri. Solo Milano ebbe a contare 2.500 caduti, circa la metà dei caduti complessivi dell'esercito della Lega.

Dai 5.000 ai 6.000 i prigionieri, molti personaggi illustri come il podestà di Milano Pietro Tiepolo, Enrico di Monza e altri nobili come i Conti di Cortenuova. Così gli Annali Piacentini Ghibellini: "furono catturati nel corso dello stesso combattimento tra i Milanesi 800 cavalieri e 3000 fanti e il conte Pietro Tiepolo figlio del doge di Venezia; tra i Piacentini circa 120 cavalieri, tra i Vercellesi circa 40, tra i Novaresi altrettanti, tra i Lodigiani 50, tra gli Alessandrini 10, tra i Cremaschi 30 e 3 conti di Cortenuova... senza contare quelli che i Bergamaschi catturarono e portarono a Bergamo...".

Contenute le perdite tra gli imperiali. La maggior parte dei caduti per loro si ebbe durante lo scontro intorno al Carroccio. Una cappella nei dintorni di Cortenuova chiamata Dosso dei Pagani viene indicata come probabile luogo di sepoltura dei Saraceni, separati dalle fosse comuni dei cristiani indicata da due cappelle nel campo detto delle Geziole (chiesuole).

Federico II diede sepoltura ai caduti poi fece radere al suolo il castello e il piccolo borgo di Cortenuova fin nelle fondamenta. Per due secoli il luogo rimase deserto e solo verso la fine del medioevo cominciarono a sorgere dei cascinali in quella zona per poi essere ripopolato con l'attuale abitato di Cortenuova nel 1700.

Fatto questo Federico II rientrava nella fida Cremona dove celebrò il suo meritato trionfo.

Conseguenze

Cortenuova fu la più grande battaglia combattuta sul suolo italico nel medioevo. Fu anche la più grande vittoria dall'impero, Federico II si rese conto subito delle proporzioni del suo trionfo.

A Cremona i vincitori sfilarono in pompa magna, secondo un rituale ripreso dalle fonti classiche, con i prigionieri legati alle catene e il Carroccio aggiogato all'elefante di Federico, mentre il podestà di Milano era legato all'antenna del Carroccio da cui normalmente sventolava il gonfalone cittadino. Molti di questi prigionieri non avrebbero più rivisto la patria. Il figlio del Doge, Pietro Tiepolo, comandante della Lega e podestà di Milano, verrà impiccato anni dopo, quando Venezia si unirà al papa contro l'imperatore.

Per la Lega fu un colpo durissimo. I comuni si affrettarono a inviare ambasciatori all'imperatore. Lodi passò nel campo imperiale dopo che il partito ghibellino della città si rivoltò contro la guarnigione milanese scacciandola. Crema e il suo territorio passarono all'odiata Cremona. La contea di Cortenuova con i territori di Palusco e la Gera d'Adda andarono a Bergamo.

Anche Novara e Vercelli chiesero la pace. Milano stessa mandò un frate, Leone da Perego, come ambasciatore alla corte imperiale a Cremona per trattare la pace.

La reazione dei Milanesi alla sconfitta fu di estremo sconforto. Vi furono dei tumulti con il popolo e le varie gilde che chiedevano la pace immediata. Troppi i lutti e i sacrifici. Il futuro poi non offriva niente di buono con la Lega di Mosio ormai sfaldata. Solo Brescia, risparmiata dal disastro di Cortenuova, rimaneva ad osservare le mosse degli alleati.

▲ Il Carroccio viene trasportato entro le mura di Cremona dalle truppe vincitrici a Cortenuova, insieme agli stendardi catturati ai nemici. Dalla cronica di Giovanni Villani, Biblioteca Apostolica Vaticana.

The Carroccio of communal troops is transported within the walls of Cremona by the winners Imperial troops in Cortenuova, along with the banners captured enemies. From chronic Giovanni Villani, Vatican Library.

I Milanesi offrirono ostaggi, oro e argento, pronti ad accettare anche un vicario imperiale nel governo della città. Qualsiasi cosa pur di arrivare ad un accordo che li risparmiasse dalla furia dell'imperatore. Era abitudine di Federico II di trattare con il nemico, dove le sue doti diplomatiche gli permettevano di raggiungere i suoi scopi, così era avvenuto con la crociata quando riuscì a rioccupare Gerusalemme senza spargimento di sangue. Questa volta però era diverso Milano era a capo delle città ribelli, inoltre la straordinaria vittoria aveva insuperbito Federico rendendolo sicuro della vittoria finale.

Vi fu un'unica richiesta all'ambasciatore milanese: la resa incondizionata. Come in ogni tempo e in ogni luogo la richiesta di resa incondizionata portò i Milanesi a compattarsi tra loro dando ragione ai fautori della guerra ad oltranza. Le trattative vennero interrotte con i Milanesi decisi a vendere cara la pelle. Così risposero all'imperatore: "Scaltriti dall'esperienza, non temiamo la tua malvagità. Preferiamo perire con la spada in pugno piuttosto che per fuoco, fame o capestro."

Milano era a capo dell'alleanza dei comuni guelfi, la sua resa avrebbe messo fine alla Lega ma ora le poche città, nemiche dell'imperatore, ancora nella Lega decisero anch'esse di continuare la guerra. Oltre a Milano e Brescia alla Lega rimasero fedeli la guelfa Alessandria, Piacenza, Bologna e Faenza, con la Lombardia che passava quasi totalmente nel campo ghibellino.

Se l'idea di Federico era quella di portare la guerra alle estreme conseguenze e distruggere l'odiata Milano, avrebbe forse dovuto continuare la campagna durante quell'inverno e attaccare direttamente la città nemica, che certo, dopo la sconfitta a Cortenuova, difficilmente avrebbe potuto resistergli. Non sarebbe stata la prima volta che la guerra si prolungava durante l'inverno, anche per un assedio. Ma le esigenze militari prevedevano di far riposare l'esercito e la sicurezza di una immancabile vittoria decisero l'imperatore a rimandare la resa dei conti alla campagna del nuovo anno.

Anche nei confronti del suo nemico più pericoloso Federico abbandonò la sua tradizionale politica di prudenza. Con fare di sfida inviò il Carroccio a Roma dove i ghibellini della città riuscirono a portarlo a forza in Campidoglio, lì sarebbe rimasto per poco tempo prima di essere distrutto dai guelfi. Veniva evidenziato come Cortenuova fosse una vittoria dei Romani contro i ribelli dell'impero, chiedendo l'appoggio ai Romani nella riforma dell'impero; "ad reformationem imperii et decus urbis". Questo era un chiaro segno al papa di come l'imperatore considerasse Roma la capitale dell'impero e i suoi abitanti sudditi dell'impero, svincolati dal potere temporale papale. Gregorio IX dovette accogliere con sgomento e impotenza la vittoria del nuovo Cesare. Per il papa era un oltraggio esplicito che non avrebbe potuto tollerare.

Federico si metteva in definitivo contrasto con il papato arrogandosi il diritto di governare sui sudditi di Roma. L'anno dopo l'imperatore avrebbe peggiorato i rapporti con la chiesa con il fidanzamento del figlio Enzo con Adelasia erede del regno di Sardegna, allora feudo papale, mettendo di fatto l'ipoteca imperiale su quell'isola.

Il papa dopo Cortenuova si trovava in una situazione di debolezza, egli non poteva appoggiare apertamente i collegiati della Lega come avrebbe voluto, essi erano, agli occhi del mondo, ribelli ed eretici. Solo la sconfitta dell'imperatore davanti a Brescia avrebbe dato di nuovo la forza alla fazione guelfa per contrastare efficacemente Federico, permettendo al papa di scomunicare l'imperatore definitivamente per la seconda volta, mettendo le basi per una situazione di guerra permanente e inconcludente nell'Italia centro settentrionale che sarebbe durata oltre dieci anni, fino alla morte di Federico.

Ad ogni modo Cortenuova si può considerare l'apice delle fortune imperiali. Fu una della battaglie più grandi e importanti del suo tempo e in Europa ebbe un grande risalto, dando all'impero un prestigio morale e politico anche presso i grandi regni nell'Europa occidentale. Questo venne testimoniato dalla presenza di numerosi contingenti stranieri nella successiva campagna del 1238, gli Inglesi, soprattutto, si prodigheranno nell'assedio di Brescia.

A Milano invece la sconfitta portò ad un momentaneo aumento delle sette eretiche e del rafforzarsi dei ceti popolari su quelli nobiliari ma, con le richieste di resa incondizionata di Federico II, i Milanesi riscoprirono una rinnovata unità nazionale che li avrebbe sostenuti fino alla fine del pericolo rappresentato dall'imperatore svevo.

L'ASSEDIO DI BRESCIA E LA FINE DEL SOGNO IMPERIALE

La sconfitta subita dalla Lega a Cortenuova e la richiesta di resa incondizionate metteva i Milanesi in una situazione senza via d'uscita. Essi decisero di mettere al bando ogni rivalità interna, preparandosi allo scontro. Tuttavia Milano e i pochi comuni ancora della Lega non erano soli, il papato, seppur non in modo esplicito, dava tutto il suo sostegno alla coalizione antimperiale.

A questo scopo era giunto a Milano come legato papale il cardinale Gregorio di Montelongo che incitò e incoraggiò i Milanesi alla resistenza ad oltranza, in vista anche di un possibile schieramento del papa contro Federico. Il cardinale si sostituì completamente nelle decisioni di quel che rimaneva della Lega Lombarda, andando a coordinare l'azione politica e militare dell'alleanza che, a questo punto, divenne sempre più uno strumento nelle mani del papato, dove agli interessi delle città si sostituirono le esigenze politiche dei guelfi, volti a sminuire la potenza imperiale.

Federico II per la campagna del 1238 decise di non attaccare direttamente Milano, provata dalla sconfitta ma ben decisa a resistere dalle richieste di resa incondizionata, preferì invece fare terra bruciata intorno alla principale città nemica, cercando di svolgere una manovra a tenaglia con un attacco da occidente, con le truppe del Monferrato, di Savoia e dalle città amiche comandati dal vicario Manfredi Lancia con il compito di impadronirsi di Alessandria, e da oriente con il grosso dell'esercito imperiale che doveva occupare Brescia. Lo Svevo era convinto così di ottenere una facile vittoria sulle città ancora nella Lega per poi volgersi tranquillamente contro Milano. Si portò quindi sotto Brescia con gran parte dell'esercito confidando in una facile resa della città, senza prendere in considerazione la possibilità di un lungo assedio. Trascurare l'indebolita Milano per puntare su Brescia, toccata solo marginalmente dalla sconfitta di Cortenuova, fu un grave errore di valutazione.

Nell'armata imperiale all'assedio di Brescia parteciparono contingenti da tutta Europa, tra cui, oltre a Veneti, Toscani, Pugliesi, Tedeschi e Saraceni, vi erano i Franco Provenzali e gli Inglesi, quest'ultimi ebbero modo di distinguersi particolarmente nel corso degli scontri, perfino l'imperatore bizantino di Nicea inviò un suo contingente. Le forze di Cremona e Bergamo costituivano la spina dorsale dell'armata imperiale ad essi si aggiungevano i comuni di Parma e Pavia, infine Reggio Emilia con 200 cavalieri e 1.000 fanti. Con essi i principali vassalli dell'impero tra cui spiccavano molti vescovi tedeschi. Il totale degli imperiali si aggirava su circa 20.000 uomini. Gli assedianti avevano una disponibilità di vettovaglie di quattro mesi, messi a disposizione per la maggior parte da Cremona.

Ezzelino aveva catturato, non si sa come, un abile ingegnere spagnolo di nome Calamandrino. Per poter

▲ Scena d'assedio con armi ossidionali. (raccolta del codice Manesse, XIII, inizio XIV secolo).
Scene of siege with obsidional weapons. (collection of code Manesse, XIII, XIV century beginning).

◄ Vari armati. Miniatura della Bibbia di Maciejowski.
Various men at arms. Miniature Bible of Maciejowski.

piegare meglio le difese della città assediata, era stato inviato all'imperatore scortato in catene. Venne, però, liberato dai Bresciani nel mese d'agosto, ad assedio già iniziato. L'ingegnere fu quindi impiegato dagli assediati nella costruzione di armi da getto la cui precisione fu fatale alle armi d'assedio imperiali. In realtà non fu solo l'esperto Calamandrino, che per alcuni storici fu solo una figura leggendaria, a mettere in difficoltà il numeroso e composito esercito di Federico II. Brescia, come molte città lombarde in quegli anni, aveva affrontato un difficile processo politico dove la fazione guelfa popolare appoggiata dai Milanesi si era scontrata con quella aristocratica ghibellina che contava sull'aiuto interessato dei Cremonesi. La lotta politica non fece comunque dimenticare ai Bresciani gli interessi politici della città contro il predominio della nobiltà rurale che contendeva il contado alla città. Inoltre la tradizionale alleanza con Milano non venne messa in discussione, tanto che la città non ebbe difficoltà ad entrare nella Lega di Mosio.

Se i due schieramenti, popolare e aristocratico, erano ben definiti, nella fazione aristocratica vi erano dei distinguo tra chi voleva la pace con l'imperatore e chi voleva continuare la guerra a oltranza.

Alla vigilia dell'assedio il podestà Oberto de Iniquitate riunì il consiglio comunale di Brescia che, dopo un sofferto dibattito, deliberò il bando cittadino per le famiglie filoimperiali residenti in città. Il provvedimento evitava il rischio di eventuali quinte colonne all'interno della città assediata rendendo il proposito di resistere ad oltranza all'imperatore più fermo e senza via d'uscita tramite trattative.

La decisione rappresentò uno spartiacque nella lotta tra Lega e impero, rendendo il conflitto più politico e ideologico tra guelfi e ghibellini. D'ora in avanti le città che passeranno in un campo o nell'altro espelleranno sistematicamente i rappresentanti della fazione avversa che, a loro volta, tenteranno di riprendere il potere nella loro città con l'aiuto dei comuni rivali. I comuni guelfi sarebbero stati automaticamente nemici dell'imperatore senza dover aderire a leghe o alleanze particolari.

A Brescia almeno 100 nobili, alcuni dei quali si erano distinti nella Lega Lombarda come rettori della Lega tipo Federico da Lavellolongo e perfino due ex podestà di Milano, Pace da Manerbio e Aliprando Faba, vennero espulsi dal territorio bresciano con le loro famiglie.

In questo clima l'esercito di Federico II, dopo aver conquistato alcuni castelli bresciani, pose assedio a Brescia l'11 luglio, allestendo il campo ad occidente della città nelle vicinanze del fiume Mella.

Un tentativo di trattativa compiuto dal rappresentante imperiale Orlando de Rossi, che anni dopo passerà alla fazione guelfa, non ebbe successo per l'intransigenza dei Bresciani.

Federico non bloccò completamente Brescia ma si limitò a devastare il contado e a conquistarne i castelli nella speranza di venire rapidamente a patti con gli assediati e puntare poi rapidamente su Milano su cui meditava una vendetta esemplare. I Bresciani però non si lasciarono intimorire lanciando a loro volta delle sortite facendo anche dei prigionieri.

Per la mancata capitolazione della città Federico decise di richiamare le sue truppe occupate sul fronte occidentale per dare avvio ad un regolare assedio. Un tentativo di alleggerimento compiuto dall'armata piacentina in territorio cremonese fu stroncato il 24 agosto da 200 cavalieri imperiali che da Pavia si muovevano verso Brescia guidati dal marchese Manfredi Lancia infliggendo ai piacentini una dura sconfitta.

A settembre la quasi totalità dell'esercito imperiale era sotto le mura di Brescia intento a realizzare macchine d'assedio per conquistare la città.

Federico II, contrariato per la caparbia resistenza nemica, ricorse ad uno stratagemma già usato da suo nonno Barbarossa per dare l'assalto alle mura di Crema. L'imperatore fece legare alcuni ostaggi alle torri d'assedio lignee e all'inizio di settembre lanciò il suo primo assalto con questo sistema disumano. I Bresciani furono però più fortunati dei Cremaschi di un secolo prima, riuscendo con la precisione delle loro armi ossidionali a colpire le torri senza ferire gli ostaggi, fermando così il primo assalto. In guerra vige la dura legge della reciprocità delle azioni, così anche i Bresciani appesero i loro prigionieri all'esterno degli spalti in modo da interdire il tiro nemico.

I fatti di Brescia danno l'esempio di come Federico utilizzava gli ostaggi in modo spregiudicato. Molti di essi venivano spesso uccisi, come Pietro Tiepolo, comandante e podestà della Lega catturato a Cortenuova, impiccato quando Venezia si unì al papa contro l'imperatore durate l'assedio di Faenza nel

1241 dove era podestà il veneziano Michele Morosini. In quel periodo Venezia osteggiò i rifornimenti dalla Sicilia tanto che Federico mise a morte il figlio del Doge, all'epoca suo prigioniero.

Quando Federico entrava in una città era norma consegnare degli ostaggi che venivano inviati in Puglia dove potevano essere giustiziati nel caso la città si rivoltasse all'impero. L'imperatore non conosceva nemici ma solo rivoltosi ed eretici. Si disse, anche se non è certo, che perfino tutti i parenti di Gregorio IX vennero impiccati.

A fine settembre un nuovo assalto imperiale cercò di approfittare di una tempesta che aveva danneggiato alcune strutture lignee della cinta muraria, l'aggressione scattata di sorpresa venne comunque respinta dai difensori.

Il 7 ottobre l'imperatore fece l'ultimo tentativo per aver ragione degli assediati utilizzando una macchina da guerra, forse un gatto o, come viene definito dal cronista, "edificium", al riparo del quale gli assedianti superarono il fossato della città prima che la macchina d'assedio venisse data alle fiamme da una sortita dei difensori che, probabilmente, si lanciarono anche contro il campo avversario causando molti danni. Nello stesso tempo un epidemia si era diffusa nell'accampamento imperiale, complice anche violenti temporali che avevano allagato la zona. Anche la situazione finanziaria, per mantenere numerosi armati, si era fatta preoccupante per cui si tolse l'assedio.

Ben tre tentativi di conquistare le mura di Brescia erano falliti, la fretta di Federico II di conquistare la città unita alla presunzione di una facile vittoria aveva messo le truppe imperiali in una situazione difficile. Federico aveva sottovalutato le capacità di difesa di Brescia impedendogli di prendere misure adeguate per un lungo assedio che neppure avrebbe voluto, il numero elevato dei soldati da sfamare tramite una gran quantità di derrate alimentari e soprattutto i costi degli stipendi non erano giustificati per la conquista della sola città di Brescia quando, piuttosto, il suo vero obiettivo era l'acerrima nemica Milano. Da qui si spiega la fretta con cui tentò di dare l'assalto alla città e alla fine la rinuncia da parte dell'imperatore di continuare un lungo assedio.

Per Federico si trattava solo d'interrompere la campagna di quell'anno per poi riprenderla l'anno venturo su posizioni di rinnovata forza.

In realtà il partito papale riprese vigore dallo scacco imperiale sotto le mura bresciane. Gregorio IX passò all'offensiva scomunicando definitivamente per la seconda volta l'imperatore il 20 marzo 1239, rafforzando il partito guelfo nelle città del regno d'Italia.

▶ Sigillo dell'imperatore Federico II, re di Sicilia e di Gerusalemme (1250). Originale conservato a Parigi.

Seal of the Emperor Frederick II, King of Sicily and Jerusalem (1250). Original preserved in Paris.

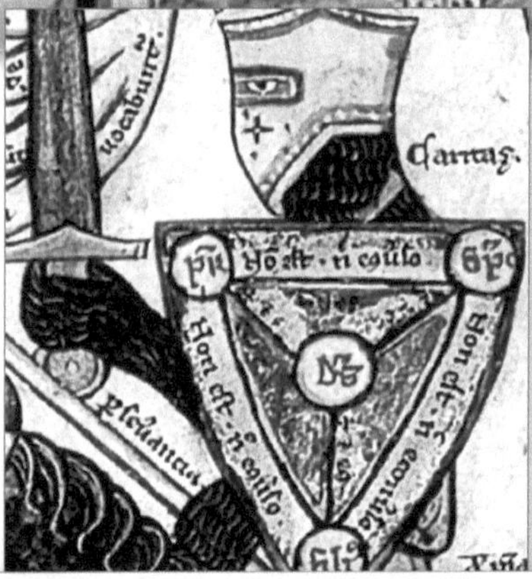

▲ L'esercito di Federico II sconfitto a Parma. Dalla Cronica di Giovanni Villani nella Biblioteca Apostolica Vaticana.

The army of Frederick II defeated in Parma. From Chronicle of Giovanni Villani in the Vatican Library.

◄ Cavaliere della Trinità con lo scudo della fede che rappresenta la Trinità (ca. 1255-1265 illustrazione della Summa Vitiorum.

Knight of the Trinity with the shield of faith that represents the Trinity (ca. 1255-1265 illustration of Summa Vitiorum.

▼ La battaglia di Benevento del 1266. Cronica Villani nella biblioteca apostolica vaticana.

The battle of Benevento in 1266. Chronic Villani in the Vatican Library.

LA GUERRA PERMANENTE

Dal giorno della scomunica dell'imperatore le lotte tra guelfi e ghibellini in Italia divennero endemiche per alcuni decenni. Automaticamente le città guelfe divennero nemiche dell'impero e Federico non riuscirà mai ad avere la meglio sulle città ribelli né il papa ad avere la meglio sull'imperatore scomunicato. In questo periodo il campo di lotta rimase ridotto all'Italia centro settentrionale con i contendenti che si affrontavano con le risorse minime tipiche dell'epoca, al contrario invece di quanto erano massime le forze in gioco tra i due più alti rappresentanti del mondo occidentale.
In Lombardia Federico II non riuscirà più ad avere il sopravvento, soprattutto dopo la battaglia del "Fosson Morto" avvenuta nell'ottobre del 1239 presso Morimondo. In quell'occasione l'armata milanese guidata da Ottone di Mandello sconfisse le truppe imperiali guidate da Manfredi Lancia, che, sulla direttrice occidentale, erano impegnate nella manovra a tenaglia fallita l'anno prima. I Milanesi si difesero sfruttando un canale, il Fosson Morto, fortificandosi dietro ad esso insieme ai fanti di Magenta e Corbetta. Inizialmente gli imperiali ebbero la meglio costringendo i Milanesi alla ritirata, questi poi contrattaccarono di sorpresa mentre gli imperiali erano intenti al guado sconfiggendoli definitivamente. Nel corso dello stesso mese Federico tentò di obbligare i Milanesi alla battaglia nella zona di Orio dove si era accampato ma, quest'ultimi, ostruendo i canali della pianura inondarono il campo dell'esercito nemico costringendo l'imperatore a rinunciare definitivamente alla vendetta contro i Lombardi.
Gli anni che seguirono videro un succedersi di battaglie e assedi tutt'altro che definitivi. In un primo tempo sembrò che fosse l'imperatore a prevalere. Faenza fu assediata da Federico per i lunghi mesi invernali, fino all'aprile del 1241, per poi capitolare. Un altro grande successo arrise all'imperatore con la battaglia dell'isola del Giglio il 3 maggio 1241, dove la flotta siciliana e quella pisana al comando del figlio di Federico, Enzo, riuscirono a sconfiggere la flotta genovese, cogliendola di sorpresa tra l'isola di Montecristo e quella del Giglio, mentre era intenta a trasportare alti prelati e cardinali a Roma per un concilio che avrebbe deposto l'imperatore.
Malgrado questi successi a Federico non gli riuscì di occupare Roma neppure quando il vecchio Gregorio IX morì il 21 agosto 1241 a 96 anni d'età.
I pochi cardinali ancora liberi a Roma che si riunirono per l'elezione del nuovo papa furono sottoposti a pressioni e torture di ogni genere che portarono prima all'elezione di Celestino IV, morto 18 giorni dopo l'elezione a causa dei patimenti subiti durante il conclave, successivamente, dopo oltre un anno, si arrivò all'elezione di Innocenzo IV, che, malgrado le aspettative di Federico II, continuò la lotta con maggior veemenza del vecchio Gregorio.
Il nuovo pontefice fece di tutto per combattere l'impero, distogliendo molte risorse e uomini dalla Terra Santa e da ogni altra impresa prima ritenuta importante. Per far fronte alla guerra con l'impero papa Innocenzo IV sviluppò in modo sistematico la raccolta delle indulgenze svalutandone il concetto spirituale. Innocenzo fece leva su tutte le risorse della chiesa per sconfiggere Federico, dichiarandolo anche decaduto ed eretico. Secoli dopo la politica delle indulgenze provocò la riforma in Germania e il Rinascimento semi pagano in Italia.
Anche il pericolo mongolo del 1241 passò in secondo piano per il papa e l'imperatore, lasciando la difesa dell'Europa orientale ai principi locali. Federico II si illuse di raggiungere un intesa con Innocenzo per contrastare i Mongoli. In quel momento di crisi Federico fece appello ai popoli d'Europa di cui si sentiva a capo d'inviare i propri armati sotto le aquile imperiali con queste parole: "La Germania, già di per sé ardente e fervente alle armi… la Francia, alma genitrice della più abile cavalleria… la Spagna, audace in guerra… l'Inghilterra, la ferace Inghilterra, ricca d'uomini e di navi munita… l'Alemannia, piena di impetuosi guerrieri… la Dacia, forte sul mare; l'indomita Italia; la Borgogna ignara di pace; l'inquieta Puglia con le isole amiche ai naviganti e invitte del mare Adriatico, Tirreno e Greco: Creta, Cipro, la Sicilia … la cruenta Ibernia con le terre e le isole del che han per confine l'oceano… la Scozia ricca di paludi col vivace Galles; la Norvegia, terra di ghiacci; e ogni paese glorioso di fama sotto il

cielo esperio…". Queste parole indicano come allora vi fosse una forte consapevolezza Europea che si opponeva a forze mortali provenienti da oriente.

Malgrado il pericolo l'imperatore non ottenne la pace con il papa.

Innocenzo fece anzi seguire una serie di complotti tesi ad uccidere l'imperatore, corrompendo la cerchia dei suoi amici più fedeli. Mentre Federico per mantenere le truppe elevò imposte straordinarie, incamerando inoltre i beni ecclesiastici del regno di Sicilia.

Alla fine il papa riuscì a fuggire da Roma per sottrarsi dalla pressione imperiale e raggiungere Lione che, sebbene appartenente all'impero era di fatto una città indipendente. Con il concilio di Lione dell'estate del 1245 dichiarò Federico II decaduto dalla carica imperiale. Malgrado l'appoggio dei sovrani d'Inghilterra e Francia, per l'imperatore fu comunque un duro colpo a cui si apprestava a porvi rimedio marciando verso la Provenza dove risiedeva il papa per tentare di catturarlo.

Nella primavera del 1247, mentre l'imperatore in Piemonte si apprestava ad attraversare le Alpi verso la sede papale di Lione, Orlando de Rossi, con 70 fuoriusciti guelfi di Parma, si erano presentati una domenica davanti alle mura della loro città, mentre Enzo era nel bresciano ad assediare un castello. I ghibellini intenti a "rimpinzarsi" ad un matrimonio di uno di loro uscirono a cavallo dalla città per affrontare i guelfi guidati dal podestà Arrigo Testa d'Arezzo. Lo scontro fuori le mura sorrise ai guelfi che uccisero il capo dei nemici, conquistando la città dopo averne scacciato la guarnigione tedesca.

A questa notizia molti guelfi si ribellarono, compresi anche molti nobili, come i Malaspina che volevano riprendersi i loro territori incamerati da Federico II. Anche Alberico da Romano, fratello di Ezzelino, era tra i guelfi. L'imperatore fu così costretto a tornare verso Parma e ad assediare la città. Le mura di Parma erano state indebolite per volontà di Federico, ma questi non le assalì subito accontentandosi di porre un lungo assedio.

Tra gli assedianti un nipote del papa e di Orlando de Rossi; Ugo Boterio da Parma, i figli dell'imperatore, Ezzelino, Oberto Pelavicino e il marchese Lancia. Mentre tra gli assediati vi era il legato pontificio Gregorio di Montelongo che con milizie milanesi si era precipitato a rafforzare la guarnigione di Parma che, passando al partito guelfo, si era data automaticamente al fronte antimperiale. Proprio Gregorio di Montelongo fu l'animatore della resistenza della città durante il lungo assedio cui fu sottoposta Parma, impedendone la capitolazione.

Federico II aveva deciso di prendere la città per fame, come gli riuscì di fare con Faenza qualche tempo prima. Invece di realizzare un accampamento per l'assedio fondò una nuova città chiamata Victoria, che, nelle intenzioni dell'imperatore avrebbe dovuto sostituire la città traditrice.

L'assedio fu lungo, tanto che le truppe imperiali, sicure della vittoria, allentarono la sorveglianza. Il 18 febbraio 1248 mentre Federico e suo figlio Manfredi erano impegnati in una caccia nella campagna parmense, gli assediati tentarono una sortita. Il marchese Lancia l'unico in comando a Victoria quel giorno venne attirato fuori dall'accampamento con i suoi cavalieri in una manovra diversiva attuata dai parmensi. Il grosso delle milizie parmensi e dei suoi cittadini affamati attaccarono in quel momento il campo di Victoria scarsamente difeso. L'accorrere di Federico al campo non evitò una sconfitta disastrosa per le aquile imperiali.

A Victoria il 18 febbraio gli imperiali persero 1500 uomini di cui 500 caduti in battaglia, tra i quali l'amico di Federico il gran giustiziere Taddeo di Suessa che, durante il concilio di Lione, aveva sostenuto le parti imperiali contro le argomentazioni del papa. Il tesoro imperiale venne perso così come il caravan serraglio. Della corona di Federico II se ne impadronì un certo Cortopasso nominato così per via dell'andatura. Quel giorno molti poveri cittadini di Parma divennero improvvisamente ricchi.

Di Victoria, la cittadella che avrebbe dovuto sostituire Parma, una volta rasa al suolo non rimase più traccia.

Questa fu la più grande sconfitta subita da Federico II nella sua vita. L'esercito imperiale era ancora sostanzialmente intatto e rimase in Emilia a contrastare i guelfi. L'anno successivo al disastro di Victoria un altro duro colpo toccò a Federico quando suo figlio, il valoroso e cavalleresco re d'Italia Enzo, venne catturato dai Bolognesi durante una scaramuccia presso Fossalta, rimanendo prigioniero per il resto dei suoi giorni.

Malgrado questi rovesci la lotta tra papato e impero era ancora in sostanziale equilibrio e Federico II stava passando alla controffensiva; Orlando de Rossi era stato ucciso durante uno scontro con i cavalieri imperiali di Manfredi Lancia, mentre il margravio Uberto Pallavicini, ora vicario imperiale per l'Italia, aveva riportato una sfolgorante vittoria contro i Parmensi e i loro alleati proprio sul campo di Victoria, uccidendo e catturando ben 3.000 nemici, riuscendo ad impadronirsi persino del Carroccio di Parma. Anche Innocenzo si trovava ormai politicamente isolato dai sovrani europei. La situazione stava volgendo a favore di Federico II quando egli morì il 17 dicembre 1250. Con lui, quella che sembrava essere una vera e propria maledizione per gli Hohenstaufen mise fine alla sua stirpe, spegnendo i suoi eredi prematuramente, chi di malaria, chi caduto in battaglia o abbandonato a languire in prigionia, lasciando in eredità ancora decenni di lotte tra guelfi e ghibellini.

Conclusioni

Riguardo alla battaglia di Cortenuova si può dire che essa fu una vittoria strategica di Federico II che si arrischiò nel suddividere le sue forze per organizzare un imboscata ai danni della Lega, questa azione era favorita dall'esercito bergamasco che da nord avrebbe stretto i nemici in una morsa mortale. Il castello di Cividate con il suo posto d'osservazione permise agli imperiali di avere una chiara visione dell'evolversi della situazione, evitando così brutte sorprese, permettendo inoltre di scegliere il momento più opportuno per attaccare i nemici che tra l'altro non presero nessuna contromisura per evitare il pericolo d'un assalto improvviso. Con queste premesse l'esito della battaglia era scontato e solo la disperata resistenza della Compagnia dei Forti presso il Carroccio, esempio per il resto delle milizie lombarde, impedì l'immediato annientamento dell'esercito della Lega. Annientamento che avvenne l'indomani dello scontro quando i superstiti cercarono di mettersi in salvo con una ritirata resa ormai impossibile dal chiudersi della morsa imperiale sulle sconfitte milizie lombarde.

L'errato sfruttamento della strepitosa vittoria di Cortenuova causò, davanti le mura bresciane, l'inizio della fine del sogno imperiale così come ideato da Federico II. Scelte militari e politiche porteranno a decenni di guerre tra papato e impero che alla fine logoreranno entrambi i sistemi su cui si era retto il mondo medievale.

Per Federico II e i suoi predecessori, l'idea di impero non era quella di popoli assoggettati ad un popolo straniero, così come l'imperatore non doveva rappresentare le istanze della stirpe di provenienza ma doveva dominare in modo equo ed ecumenico alla maniera dell'antica Roma, in questo però ogni nazione manteneva le sue peculiarità e tradizioni specifiche tanto che si poteva dire: un unico impero romano e, tuttavia, nazioni indipendenti.

Durante la lunga guerra Federico dovette

▲ Enzo viene condotto in prigionia dai soldati bolognesi dopo averlo catturato a Fossalta del 1249, egli incanterà prima i suoi carcerieri poi la nobiltà cittadina con la letizia e la freschezza della sua gioventù in una immagine del 1300. (Miniatura per Giovanni Villani, Biblioteca Apostolica Vaticana inizio XIV secolo).

Enzo is led into captivity by the soldiers of Bologna after his capture in Fossalta in the 1249, he will enchant before his captors then the gentry of the joy and freshness of his youth. (Miniature of Giovanni Villani, Vatican Library early fourteenth century).

concedere sempre più autonomie ai comuni ghibellini, rendendoli di fatto indipendenti dall'impero, per cui, alla morte di Federico II, l'istituzione imperiale ne uscì indebolita, con i principali comuni italiani rafforzati e spesso in guerra tra loro. L'impero non si sarebbe più ripreso e gli interessi particolaristici dei principi tedeschi e delle città lombarde avrebbero preso il sopravvento su un idea sovranazionale.
Se avesse vinto Federico II avremmo avuto un impero centralizzato sovranazionale. Ma Federico sebbene fallì nel suo progetto politico fu comunque da modello per le successive signorie e per i principi del rinascimento, a partire dai suoi contemporanei come Ezzelino da Romano e il Pallavicini. Vicari imperiali e podestà comunali con i loro vasti poteri e prerogative prepararono il terreno alle signorie.
Anche il comune di Milano seguirà questa via con l'avvento delle signorie, prima dei Torriani e poi dei Visconti, divenendo una potenza regionale di primo piano e, una volta che la minaccia imperiale passò, Milano da guelfa divenne ghibellina appoggiandosi ad un imperatore il cui potere era solo formale.
Quanto alla seconda Lega Lombarda la sua funzione di alleanza cessò dopo Cortenuova con gli sviluppi precedenti all'assedio di Brescia, quando la lotta divenne ideologica con guelfi e ghibellini intenti a spartirsi il potere a volte indipendentemente dagli stessi interessi del comune di appartenenza. Come si è detto la lotta dopo Cortenuova non era più tra Lega ed impero ma tra guelfi e ghibellini, cioè due fazioni politiche che si fronteggiavano sullo stesso territorio e all'interno delle medesime città. I comuni a maggioranza guelfa erano automaticamente nemici dell'impero nell'interesse particolaristico della fazione politica d'appartenenza, trascurando il bene comune cittadino e la concordia che caratterizzava l'alleanza leghista.
Formalmente la Lega Lombarda rimase attiva ancora per decenni, pur svalutata nelle sue capacità decisionali. L'ultimo incontro della Lega (parlamentum) avvenne nel 1252 a Brescia quando ormai il pericolo Svevo era lontano, i rappresentanti presenti al convegno delle città di Milano, Mantova, Ferrara, Treviso, Bologna, Modena e Parma, insieme ai fuoriusciti guelfi delle città di Piacenza, Vercelli e perfino Cremona, non discussero più delle libertà comunali e di concordia tra le città del regno ma ognuno si limitò a guardare il proprio particolare interesse politico. Ormai i tempi erano maturi per le signorie e gli Stati regionali.

◀ Incoronazione di Manfredi di Sicilia. (10 agosto 1258), fu l'ultimo sovrano svevo del regno di Sicilia. Figlio dell'imperatore Federico II di Svevia e di Bianca Lancia, fu reggente dal 1250 e quindi re di Sicilia dal 1258. Morì durante la battaglia di Benevento, sconfitto dalle truppe di Carlo I d'Angiò.

Coronation of Manfred of Sicily. (10 August 1258). He was the last ruler of the Swabian kingdom of Sicily. Son of the Emperor Frederick II and Bianca Lancia, was a regent from 1250 and then King of Sicily from 1258. He died during the battle of Benevento, defeated by troops of Charles I of Anjou.

L'EREDITÀ DELLA LEGA

Gli avvenimenti importanti per un popolo si fissano indelebilmente nelle sua storia, così l'esperienza della Lega Lombarda non fu dimenticata poiché rappresentò un raro periodo di concordia tra città spesso nemiche tra loro, che si unirono volontariamente per raggiungere un obiettivo comune. Questi eventi vennero tramandati alle generazioni successive e, spesso, si fusero nel mito riadattandone i contenuti prescindendo dalla realtà storica.

A questi riadattamenti dei fatti storiografici contribuirono anche storici del passato che vollero interpretare le vicende secondo parametri a loro contemporanei, contribuendo alla politica del loro tempo. I politici, per loro natura, adattano spesso gli avvenimenti storici secondo le necessità politiche legittimando la loro azione, amplificando o addirittura stravolgendo la realtà storiografica. Così accadde per il risorgimento quando le guerre tra Lega Lombarda e impero furono interpretate come la lotta delle città lombarde contro lo straniero tedesco, per ottenere la libertà della propria patria nell'autogovernarsi. In realtà nel medioevo dominava il concetto di sovranità su quello di nazionalità e i comuni non avevano mai messo in discussione l'autorità regia, quanto piuttosto una maggior libertà nella gestione della fiscalità e nella politica locale. Il sentimento nazionalista e patriottico, che pure doveva essere presente, venne esibito, soprattutto dai politici italiani nella seconda parte del XIX secolo, come l'unica e assoluta componente che portò alla nascita della Lega Lombarda. Questa interpretazione dei fatti condusse all'affermarsi, in tutta la Penisola, di una corrente artistica e saggistica che mirava ad esaltare il nazionalismo del periodo della Lega speculare a quello di epoca moderna. La successiva pubblicistica continuò a propagandare una Lega nazionalista anche nel periodo in cui, fatta l'Italia, andavano fatti gli Italiani, in un singolare ribaltamento della realtà politica, la cui normalità prevedrebbe che siano i popoli a costituire le nazioni e non viceversa.

Dopo la seconda guerra mondiale, la fine dei nazionalismi portò non tanto a rivedere questa corrente di pensiero delle vicende del XII e del XIII secolo, quanto piuttosto a trascurare il periodo storico dell'alleanza lombarda, ormai non più strumentale alle vicende politiche nazionali.

Il ricordo della Lega Lombarda ritornò a far parlare di sé con il movimento politico nato da Umberto Bossi all'inizio del 1980 (ufficialmente la data di fondazione del movimento è il 12 aprile 1984 con il nome di Lega Autonomista Lombarda).

Rifacendosi alla storia della Lega Lombarda, fin nel nome del movimento, si vollero ricordare i fini delle lotte di allora, tesi a riaffermare una maggior autonomia fiscale e politica sull'impero, a cui l'attuale movimento politico aspirava. Per una maggior identificazione tra le due Leghe vennero adottati simboli come l'Alberto da Giussano effigiato nel monumento di Legnano, simbolo ufficiale del movimento dal 1986, insieme con altri (bandiere e emblemi) che legavano ancor più il movimento con le identità culturali locali vecchie di secoli se non di millenni.

A differenza di ciò che era accaduto durante il risorgimento l'accento non veniva più messo sul sentimento nazionalistico quanto piuttosto sulle specificità culturali ed economiche che anche per la Lega del medioevo furono alla base dell'alleanza contro alcune ingerenze dell'impero non ritenute appropriate dopo consuetudini a cui anche gli imperatori precedenti agli Hohenstaufen si erano adattati. Lo scopo del movimento mirava a quelle regioni che un tempo facevano parte dell'antico regno d'Italia, omogenee per cultura, seguendo la dottrina politica delle tre macroregioni espressa dall'ideologo Gianfranco Miglio, secondo cui ogni nazione si deve sviluppare all'interno di una comunità che condivide gli stessi retaggi culturali, ed effettivamente le tre macroregioni rappresentano territori storicamente divisi tra loro per secoli i cui popoli sono stati governati da sistemi diversi e hanno subito vicissitudini storiche differenti e, questo, dalla fine delle guerre gotiche alla metà del VI secolo d.C., causando delle diversità culturali in quello stesso popolo che si era formato durante la dominazione romana ma che il substrato alla base era composto da popoli di stirpi diversi come i Celti nella Gallia Cispadana e, nel resto d'Italia, i Greci, i Latini, gli Umbri, gli Etruschi e infine gli Italici. Massimo Fini in un suo articolo, inquadrando le istanze della Lega, ha così scritto: "Nell'Europa politica del futuro, se si realizzerà, i punti di riferimento periferici non saranno più gli Stati nazionali ma, come aveva intuito la Lega delle origini, le macroregioni, cioè aree omogenee per interessi, economia, cultura, way of life, clima che supereranno gli antichi confini nazionali, la Liguria di Ponente si unirà alla Provenza, la Savoia italiana a quella francese, il Tirolo alla Baviera e all'Alto Adige e così via. Nessuna istituzione umana resta tale per sempre. Sono caduti imperi millenari che sembravano eterni, sono morte grandi culture. Gli Stati nazionali hanno rappresentato per alcuni secoli la soluzione trovata dagli uomini per affrontare certi problemi. Ma sono anch'essi destinati a sparire presi nella tenaglia della globalizzazione e del ritorno prepotente delle «piccole patrie»"(Nell'Europa del futuro più macroregioni e meno Stati nazionali, Uscito su "Il gazzettino" il 07/05/2010).

Il modello delle macroregioni venne in parte accantonato nel corso delle vicissitudini politiche che rischiavano di isolare un movimento che esprimeva idee troppo rivoluzionarie per il resto del paese, portando il movimento ad alleanze con formazioni tradizionali di stampo liberista nel 1994 e nel 2001. Ad una istanza indipendentista si passò in favore all'attuazione di un sistema federalista che prevedeva per l'Italia un futuro di Stato Federale così come auspicò il milanese Carlo Cattaneo alla metà dell'ottocento e come venne indicato nella stesura della costituzione italiana del dopoguerra.

Le vicissitudini e gli scandali che hanno coinvolto la Lega stessa hanno diminuito il fascino di queste idee presso molti che credevano in questo progetto storico e politico.

Rimane la polemica, condivisa da altre forze politiche, contro uno Stato centralizzato ma anche contro la globalizzazione e l'omologazione delle culture e modi di vita al solo modello individualista della società dei consumi. Così quello che per la Lega è antiglobalizzazione e valorizzazione delle identità venne da altri letto come difesa del particolarismo, anche perché una politica che si ispira alle tradizioni, secondo una Weltanschauung identitaria, non viene compresa dalla tradizionale cultura politica liberista e progressista che, sbrigativamente, accusa tali ideali come una subcultura politica populistica e retrograda.

Questo sentimento è presente anche negli altri popoli d'Europa, e non solo tra le minoranze che desiderano una maggior autonomia da Stati centralizzati. Così scrive ancora Massimo Fini:" Se infatti l'Europa diverrà davvero una realtà politica, oltre che economica, è chiaro che i riferimenti periferici non saranno più gli Stati nazionali divenuti ormai inutili per la difesa, che sarà assicurata dall'Europa, e troppo poco coesi per dar sfogo a quel bisogni di identità che monta prepotentemente fra i popoli del Vecchio Continente in contemporanea con l'avanzare della snaturante globalizzazione." (I fiamminghi in Belgio come la prima Lega di Bossi e Miglio, "Il gazzettino" il 18/06/2010).

Oggi, in un epoca nella quale gli Stati nazionali hanno sempre minor peso a favore delle istituzioni globalizzate, il mito di stampo nazionalista di Alberto da Giussano è passato ad indicare una volontà di rivolta alla globalizzazione in senso identitario, favorevole alle comunità locali all'interno di organismi sovranazionali che ricordano il Sacro Romano Impero dell'epoca del Barbarossa.

L'unità politica Europea porterà fatalmente ad una cessione di sovranità degli Stati nazionali a cui dovrà inevitabilmente far seguito la valorizzazione delle identità locali e dei popoli così com'era durante il medioevo.

Questo sviluppo delle cose non deve preoccupare visto che i popoli dell'Italia hanno dato il meglio di sé proprio quando non vi era una nazione unita. L'Italia dei Comuni e delle Signorie, delle Repubbliche marinare, dei mecenati e degli artisti.

L'equilibrio tra la potenza dominante imperiale e i piccoli Stati garantì i migliori modelli di qualità della vita e delle libertà, sia individuali che collettive, legate alle particolari ambizioni dei vari territori e comuni che potevano aspirare ad un proprio destino che, per quanto piccolo potesse essere, dava significato alla vita di quegli uomini valorosi.

LE TAVOLE - THE PLATES

TAVOLA A – **1-2 cavalleria pesante imperiale.** Si trattava delle truppe sulle quali Federico faceva maggiore affidamento. In gran parte cavalieri tedeschi. Insieme a scudieri e varie truppe a cavallo si pensa che almeno 7.000 degli imperiali sui 12.000 presenti a Cortenuova fossero soldati di cavalleria. **3** alle spalle dei cavalieri notiamo alcune schiere di fanteria imperiale.
4 stemma della casa reale di Svevia (Hohenstaufen) di Federico II e della casa reale di Sicilia.
5 stemma del Duca di Barenberg.

TAVOLA B – **1 cavaliere siculo-tedesco** con grande elmo da battaglia. Sul petto porta l'aquila imperiale su fondo giallo simbolo del regno di Sicilia.
2 fantaccino delle milizie bergamasche, preziose alleate dell'Imperatore a Cortenuova.
3 – Stemma del regno di Sicilia. 4 – stemma del comune di Bergamo nella versione "guelfa" vale a dire con i campi giallo (oro) e rosso divisi in senso orizzontale.

TAVOLA C – **Contingenti saraceni al servizio imperiale.** I Saraceni provenivano in larga parte dalla colonia di Lucera (FG) a cui si univano contingenti di mercenari mussulmani provenienti dal nord Africa. A Lucera dove era impiantata la colonia mussulmana si ritiene che all'epoca contasse dalle 16.000 alle 60.000 persone tra soldati e civili. Il maggior contingente saraceno presente in un'unica battaglia fu di 10.000 uomini a Benevento nel 1266. La loro grande specialità era l'uso dell'arco e della balestra anche nell'uso a cavallo.

TAVOLA D – **1-2 Balestrieri imperiali.** Provenienti dai più disparati angoli dell'Europa, queste truppe mercenarie armate con la micidiale balestra costituivano una micidiale truppa, capace di rompere il ritmo di una carica avversaria. A Cortenuova e all'assedio di Brescia famosi furono i mercenari balestrieri provenienti dall'Ungheria.
3 Stemma di Cremona la più ghibellina e fedele città imperiale lombarda.
4 Stemma di Uberto Pallavicini, vicario imperiale per l'Italia e vincitore della battaglia di Vittoria contro i parmensi.

TAVOLA E – **1 Pagano della Torre,** il cavaliere milanese che con il suo intervento riuscì a metter in salvo numerosi fuggiaschi dell'esercito della Lega dopo la disfatta di Cortenuova.
2 – Ezzelino da Romano, grande alleato di Federico e signore della marca Trevigiana. Dopo la vittoria di Cortenuova, Federico gli dette in sposa una sua figlia naturale, Selvaggia, che morì giovanissima. Ezzelino III in seguito si risposò altre due volte.
3 e 4 scudi araldici del Della Torre e di Ezzelino.

▲ Scena d'assedio in Italia centrale attorno il 1230. Gli elmi dei cavalieri, con la caratteristica punta, presentano peculiarità uniche nell'Europa del periodo. (Faits des Romains, Bib. Royale, Ms.10168-72, Brussels, 1233).

Scene of siege in central Italy around 1230. The helmets of the knights, with the characteristic tip, have unique features in Europe in the period. (Faits des Romains, Bib. Royale, Ms.10168-72, Brussels, 1233).

Tavola F – 1 Cavalleria pesante comunale. Cavaliere guelfo bresciano, notare l'interessante cotta d'arme che protegge la parte anteriore del cavallo.
2 Stemma guelfo appartenete al cavaliere bresciano Gozio de Poncarale o Poncarali.
3 Altra insegna della Lega, questa volta appartenente al cavaliere Federico da Lavellolongo, anch'egli un nobile bresciano.

Tavola G – 1 Possibile immagine di un soldato della compagnia dei Forti, da alcuni detta anche della morte, cavalieri appiedati che combattevano per difendere il carroccio, simbolo spirituale dell'esercito della Lega. L'immagine è comunque fantasiosa anche se filologicamente attendibile, in realtà non si conosce l'aspetto di questa congregazione.
2- cavalleria leggera milanese.
3 – stemma di Milano, simbolo per antonomasia dell'esercito della Lega. Lo stesso scudo fu adottato da altre città guelfe come Vercelli e Alessandria.

Tavola H – 1 e 3 Fanteria pesante comunale dell'esercito della Lega. La componente di fanteria presente a Cortenuova era particolarmente numerosa. I *pedites* infatti costituivano l'ossatura delle forze dei collegiati costituendo la gran parte dei 18.000 soldati dell'intero esercito.
2 Fante comunale delle milizie milanesi.
4 Stemma del cavaliere guelfo Michele Morosini.
5 Insegna di Pietro Tiepolo, podestà di Treviso prima e di Milano poi, comandante in capo dell'esercito della Lega lombarda. Dopo la sconfitta, fu fatto prigioniero e condotto a Cremona. Nella parata trionfale che seguì in questa città, il Tiepolo fu costretto a sfilare legato con la schiena all'asta del carroccio trainato da un elefante, a ludibrio di Milano e di Venezia. Fu poi trasferito a Pisa e successivamente rinchiuso nel carcere di Trani, dove fu giustiziato, per ordine di Federico II, tramite impiccagione. Il suo corpo, su disposizione dell'imperatore, fu cucito in un sacco di cuoio e appeso molto in alto, affinché fosse visibile alle galee veneziane che compivano frequenti incursioni sulle coste pugliesi.

◄ Nozze di Federico II e Iolanda Isabella di Brienne, la seconda delle sue tre mogli, ma fu Bianca Lancia probabilmente il vero amore dell'imperatore. (dalla "Cronica" illustrata del Villani).

Marriage of Frederick II and Isabella Iolanda of Brienne, the second of his three wives, but it was Bianca Lancia probably the true love of the emperor. (from "Chronic" Illustrated Villani)

► Uno dei più grandi poeti cortesi tedeschi fu Wolfram von Eschenbach (1170 ca. – 1220 ca.), a lui si deve il poema "Parzival". Qui viene ritratto da cavaliere nella raccolta di disegni del codice Manesse. (codice Manesse, XIII, inizio XIV secolo).

One of the greatest courteous German poets was Wolfram von Eschenbach (ca. 1170 - ca. 1220), he was responsible for the poem "Parzival". (Code Manesse, XIII, XIV century beginning).

Tav I – 1 cavalleria dell'esercito della Lega. Milano aveva portato a Cortenuova circa 2.000 cavalieri, per numero e addestramento non paragonabili alla equivalente cavalleria avversaria che infatti fu la protagonista della battaglia.
2 Stemma della città di Parma.
3 Stemma della città di Brescia che sarà sottoposta ad un lungo assedio da parte di Federico II nel 1238.

Tavola J – 1-2-3 fanteria e milizia milanese e comunale. Da sinistra a destra un balestriere e due armigeri. Il soldato di mezzo ha ben cucito sulla pesante trapunta protettiva la croce bianca, simbolo dell'esercito della Lega.
4 – Stemma della città di Novara.
5 – Stemma della città di Lodi. Diverse città guelfe passarono al campo opposto durante la campagna del 1237.

Tavola K – 1 Tancredi d'Anglano (a.d. 1190-1246) Nelle schiere imperiali dal 1218 si farà subito notare per l'acume tattico nel corso di numerosi scontri contro le forze guelfe, che lo porteranno, al culmine della carriera militare, al comando di una squadra come Capitaneus. Sarà perciò impegnato nella lunga lotta contro la Lega Lombarda distinguendosi come combattente audace e ardimentoso. Troverà la morte non sul campo di battaglia, ma colpito da un attacco cardiaco.
2-3-4 diversi tipi e fogge di scudi imperiali.

Tavola L - Baldovino da Monreale (a.d. 1199-1237) Figlio di un falconiere imperiale, è addobbato cavaliere nel 1225 grazie al fortunoso salvataggio dell'imperatrice Costanza d'Aragona nel corso di una cavalcata. In seguito entrerà nell'entourage dell'Imperatore proteggendolo per 12 lunghi anni di lotte lungo tutta la penisola italica. Perisce tragicamente nel 1237 in un'imboscata ordita da guelfi bresciani contro Federico II.
2 borse e bisacce di cuoio da soldati del XIII secolo.
3 Guanti e cinture da cavaliere.
4-5 coltelli, pugnali e borse XIII secolo.

Tavola M - Rinaldo d'Acquaviva (a.d. 1204-1243) Cavaliere pugliese di Federico II addobbato poco prima della partenza per la Crociata in Terrasanta nel 1228. Accompagna la spedizione imperiale in oriente dimostrando innate doti diplomatiche, tanto da essere impegnato in alcune delle segrete ambascerie che precedono l'accordo con il sultano Malik Al-Kamil, grazie al quale Gerusalemme passerà in mano cristiana. La sua morte è attestata in un documento del 15 agosto 1243 rogato dal notaio Malgerio da Trani.
2 diverse spade del XIII secolo.
3 e 4 ascia e mazza da battaglia.
5 Pugnale o stiletto.

Tavola N - Gottfried Von Urslingen (a.d. 1180-1129) *'Miles'* teutonico figlio di un *ministeriales,* entra a far parte del seguito imperiale dopo la solenne cerimonia di

incoronazione ad Imperatore di Federico II, avvenuta nella cattedrale di Aquisgrana il 25 luglio 1215. Seguirà il suo signore in Italia nel 1220 prestando servizio in numerose importanti missioni, perendo per una caduta a cavallo subito dopo il rientro dalla Crociata in Terrasanta.
2-3-4-5 diversi tipi di elmi di diverse fogge in uso nel XIII secolo.

Tavola O – 1 Guglielmo Malabranca (a.d. 1209-1252) Cavaliere di umili origini, si fa notare per il coraggioso comportamento durante la vittoriosa battaglia che l'oste imperiale ingaggia contro i guelfi a Cortenuova nel 1237. Sarà tragicamente tra quei pochi *"milites"* che scorteranno la salma dell'Imperatore nell'ultimo finale viaggio da Castelfiorentino - luogo della sua morte - a Palermo, ove sarà tumulato. Non vi sono notizie certe della sua morte e l'ultimo documento che fa menzione del suo nome reca la data del 1252.
2 - Galvano Cotta (a.d. 1194-1256) *'Miles'* coetaneo di Federico II e suo amico dall'adolescenza, sarà da lui impegnato nella repressione e deportazione dei saraceni siculi a Lucera tra il 1224 ed il 1226. Dopo la morte di Federico II si unirà ad Ezzelino da Romano, terminando la propria carriera poco prima di passare a miglior vita nel 1256.
3 Speroni da cavaliere XIII secolo.

TAVOLA P - LE MAPPE DELLA BATTAGLIA E DELLA CAMPAGNA DI CORTENUOVA.
La campagna - Fase 1 - Ai primi di novembre l'imperatore si accampò sulla riva destra del fiume Oglio, a Pontevico, 17 chilometri a nord di Cremona, in attesa delle mosse nemiche. I lombardi invece posero il loro campo tra l'esercito di Federico II e Brescia a Manerbio, poco a nord di Pontevico. La scelta della posizione, saldamente ancorata su un terreno paludoso e protetta dal fiumiciattolo Risignolo, confermava la strategia prettamente difensiva della Lega, che si preoccupava solo di eludere lo scontro e proteggere le sue roccaforti, per il tempo sufficiente a raggiungere la chiusura della stagione bellica, peraltro già piuttosto avanzata.

Fase 2 - A quel punto l'imperatore fece proprio ciò che gli avversari si aspettavano: levò il campo di Pontevico e il 23 novembre attraversò il fiume e passò in territorio ghibellino, dando l'impressione di voler porre termine alla campagna. Per rinforzo al suo piano segreto egli giunse anche a congedare i contingenti delle città lombarde, privandosi così di almeno un terzo dell'esercito. Per l'esercito della lega questi due fatti furono indizi sufficienti a indurli a smobilitare e a tornare a Milano. Quindi si misero in marcia raggiungendo prima Lograto e poi la zona di Pontoglio e Palazzolo, dove la presenza di un ponte di pietra permetteva il passaggio agevole dell'armata dei collegiati. Intanto Federico rimaneva in zona portandosi sulla roccaforte di Soncino. Di lì teneva sotto osservazione Cortenuova, una località che rappresentava un passaggio obbligato alla volta di Milano, una volta che i collegiati avessero attraversato l'Oglio. In più faceva affidamento sui suoi alleati bergamaschi per chiudere i nemici in una micidiale tenaglia.

Fase 3 - Così avvenne che i collegiati passarono dritti per la trappola predisposta dall'imperatore. Giunti a Cortenuova si resero finalmente conto che l'esercito imperiale era lì ad attenderli, mentre a nord era già segnalata la presenza di truppe bergamasche, alleate di Federico II. Ebbe così inizio la battaglia di Cortenuova.

LA BATTAGLIA - Fase 1 (dalle ore 15 alle 16 circa)
1) Dal castello di Cividate truppe imperiali tengono sotto controllo la vasta piana e avvisano Federico II di tutti i movimenti dei collegiati, indicando, con segnali di fumo, il momento più adatto per l'attacco al campo avversario a Cortenuova.
2) L'armata imperiale sferra l'attacco con la fanteria al centro e le cavallerie che irrompono per prime sui lati est-ovest del campo della Lega.
3) I soldati della Lega Lombarda si fanno cogliere impreparati, offrendo solo una debole resistenza. Quelli che possono si ritirano verso il castello di Cortenuova dove si trova il Carroccio e la loro cavalleria.

▲ Le truppe dell'esercito della Lega Lombarda erano in gran parte soldati di fanteria. Armati con larghi scudi, lance, alabarde . si riconoscevano per la grande croce rossa in campo bianco che li distingueva. Foto gentilmente fornita dai reenactors appartenenti al coordinamento italiano mille&duecento.

Foot soldiers of the Lombard League army. Armed with large shields, spears and halberds. She is recognized by the large red cross on a white field that distinguished them. Photo kindly provided by reenactors of the Italian coordination of mille&duecento.

▶ cavaliere pesante imperiale. A loro volta le truppe ghibelline di Federico II avevano nelle loro insegne l'aquila imperiale su campo giallo.

heavy imperial knight. The Ghibelline troops of the Emperor Frederick II had in their insignia the imperial black eagle on the yellow field.

4) L'armata bergamasca si spinge verso sud da Martinengo in modo da circondare l'esercito della Lega Lombarda.

Fase 2 (dalle ore 16 alle 17 circa)

1) Le truppe imperiali continuano l'attacco contro il Carroccio e la cavalleria nemica posta a difesa dietro i fossati.

2) I Milanesi riescono a resistere disperatamente agli assalti e il sopraggiungere della nebbia e della notte consiglia agli imperiali di desistere nel combattimento, ritirandosi in quello che era il campo nemico, dove attendere il giorno successivo per dare il colpo finale al nemico.

3) Il contingente di Pontoglio, che non ha partecipato allo scontro, si ritira verso nord dove, con una difficoltosa marcia tra i monti, riuscirà a mettersi in salvo e rientrare a Milano.

4) I superstiti della Lega Lombarda tenteranno un'impossibile ritirata nella notte tra il 27 e il 28 novembre, venendo però in gran parte uccisi e catturati durante il giorno successivo.

ENGLISH TEXT:

Table A - 1-2 imperial heavy cavalry. These were the troops on which Frederick II had greater reliance. They were mostly German knights. Along with esquires and various on horseback troops at least 7,000 of the 12,000 imperial soldiers present in Cortenuova were horsemen.
3 behind the Knights we may see some imperial formations of infantry.
4 coat of arms of the royal house of Swabia (Hohenstaufen), of Frederick II and the royal house of Sicily.
5 coat of arms of the Duke of Barenberg.

Table B - 1 Sicilian-German knight with great battle helmet. On the coat he bears the imperial black eagle on a yellow field, symbol of the kingdom of Sicily.
2 infantryman of Bergamo militia, precious allies of Frederick II in Cortenuova battle.
3 - coat of arms of the Kingdom of Sicily.
4 - coat of arms of the city of Bergamo in the original "Guelph" fields with yellow (gold) and red divided horizontally.

Table C - Saracen troops in the imperial service. The Saracens came in large part from the city/colony of Lucera (FG) who joined contingents of Muslims mercenaries from North Africa. In Lucera where the Muslim colony was settled, it is believed that at the time it counted 16,000 to 60,000 people including soldiers and civilians. The largest contingent of this mercenaries present in a battle was of 10,000 men in Benevento battle in 1266. Their great specialty was the use of the bow and crossbow often used on horseback.

Table D - 1-2 Imperial crossbowmen. Arrived from the most diverse corners of Europe, these mercenary troops armed with deadly crossbow constituted a deadly troop, able to break the rhythm of a cavalry charge. In Cortenuova and at the siege of Brescia, the mercenaries archers from Hungary were famous.
3 Coat of arms of Cremona the most faithful Ghibelline and imperial city of Lombardy.
4 Coat of arms of Uberto Pallavicini, imperial vicar for Italy and winner of a Battle against Parma.

Table E - 1 Pagano della Torre, a Milanese knight. Thanks to his intervention he saving many fugitives of the army of the League after the defeat of Cortenuova.
2 - Ezzelino Da Romano, great ally of Frederick and lord of the *Marca Trevigiana*. After the victory of Cortenuova, Frederick gave him his natural daughter Savage in marriage. She died very young. Ezzelino III later married two more times again.
3-4 heraldic shields of the Della Torre and Ezzelino.

Table F - 1 Lombard Heavy Cavalry. A guelph knight of Brescia, note the interesting coat of arms that protects the front of the horse.
2 Coat of arms of the guelph knight Gozio Poncarale or Poncarali from Brescia.
3 Another coat of arms of the League, of the knight Federico da Lavellolongo, always a Brescia noble.

Table G - 1 Possible image of a soldier of the company of the Forts, also called company of the death, dismounted knights who fought to defend the *Carroccio*, spiritual symbol of the army of the League. The image is still imaginative although reliable, really do not know the aspect of this congregation.
2- light Milanese cavalrymen.
3 - Coat of arms of Milan, the quintessential symbol of the army of the League. The same shield was adopted by some other Guelph cities as Alexandria and Vercelli.

▲ Truppe mercenarie saracene al servizio imperiale. In larga parte provenienti dalla colonia islamica di Lucera vicino a Foggia, in gran parte arcieri, svolsero un'importante compito durante la battaglia.

Saracen mercenaries in imperial service. Largely from Islamic colony of Lucera near Foggia, mostly archers, played an important role during the battle.

Table H - 1, 2 and 3 Heavy infantry and Milanese militia of the army of the League. The infantry component present in Cortenuova was particularly large. The *pedites* fact constituted the great part of the total forces of the 18,000 soldiers of the Guelph army.

4 Coat of arms of the Guelph knight Michele Morosini.

5 Banner Pietro Tiepolo, mayor of Treviso and Milan before then, commander in chief of the army of the Lombard League. After the defeat, he was taken prisoner and brought into Cremona. In the triumphal parade that followed in this city, Tiepolo was forced to pull out with his back tied around the *carroccio* pulled by an elephant, a great derision of Milan and Venice. He was then moved in Pisa and then locked up in the prison at Trani, where he was executed by hanging by order of Frederick II. His body, on the disposal of the emperor, was sewn into a leather bag and hung up very high, so that it was visible to the Venetian galleys who made frequent raids on the Apulian coast.

Table I - 1 Milanese cavalrymen. Milan had at Cortenuova about 2,000 Knights. Number and training of this horsemen can not be compared to the equivalent enemy cavalry which in fact was the protagonist of the battle.

2 Coat of arms of Parma. 3

Coat of arms of the city of Brescia, which will be subjected to a long siege by Frederick II in 1238.

Table J - 1-2-3 Milanese infantry and militia. From left to right an archer and two infantrymen. This soldiers has very white cross, the symbol of the army of the League, on his heavy quilt sewn on protective.

4 - Coat of arms of the city of Novara.

5 - Coat of arms of the city of Lodi. Several Guelph cities passed to Imperial field during the campaign of 1237.

Table K - 1 Tancredi of Anglano (1190-1246). In the imperial armies from 1218, he was a good tactician at numerous battles against the forces of Guelph, which will lead, at the at the height of his military career, in command of a soldiers company as a *Capitaneus*. He will therefore be involved in the long struggle against the Lombard League standing out as bold and brave fighter. His death will be not on the battlefield, but suffered a heart attack.

2-3-4 different types and styles of imperial shields.

Table L - Baldwin from Monreale (1199-1237). Son of an Imperial falconer, he will be a knight in 1225 thanks to the lucky rescue of Empress Constance of Aragon during an horse running. Later will come into the entourage of the Emperor protecting it for 12 long years of struggle throughout the Italian peninsula. He tragically perished in 1237 in an ambush plotted by the Guelphs of Brescia against Frederick II.

2 Leather bags and saddlebags of the thirteenth century.
3 Knight gloves and belts.
4-5 knives, daggers and bags of the thirteenth century.

Table M - Rinaldo of Acquaviva (1204-1243) Italian knight of Frederick II, decorated shortly before departure for the Crusade to the Holy Land in 1228. Accompanying the imperial expedition in Palestine he showed an innate diplomatic ability, as to be engaged in some dungeon embassies prior to the agreement with the Sultan Malik al-Kamil, thanks to which Jerusalem will go into Christian hands. His death is attested in a document dated August 15, 1243 signed by a notary, Malgerio from Trani.

2 Different swords of the 13th century.
3-4 - Battle ax and bat. 5 - Dagger or stiletto.

Table N - Gottfried Von Urslingen (1180-1129) Teutonic *'Miles'* son of a ministeriales, he is part of the Imperial branch after the solemn coronation ceremony to Emperor of Frederick II, which took place in Aachen Cathedral the July 25, 1215. HE follow his king in Italy in 1220 serving in several important missions, perishing for a fall from a horse after returning from the Crusades in Holy Land.

2-3-4-5 Various types of helmets of different fashions in use in the thirteenth century.

Table O - 1 William Malabranca (1209-1252). Knight of humble origins, he is noted for the great courage during the victorious battle against the Guelphs in Cortenuova in 1237. He will be one of the few *"milites"* who escort the Emperor's body last final trip from Castelfiorentino - place of his death - to Palermo, where he will be buried. There is no news of his death and the last document mentioning his name was dated 1252.

2 - Galvano Cotta (for 1194-1256). Contemporary *'Miles'* of Frederick II and his friend from adolescence, he will be involved in the repression and deportation of Sicilians Saracens in Lucera between 1224 and 1226. After the death of Frederick II he will join with Ezzelino Da Romano, finishing his career just before passing away in 1256.

3 Knight spurs of XIII century.

◀ I soldati della Lega tentano una disperata resistenza contro i pesanti attacchi della cavalleria e fanteria imperiali. Respingeranno gran parte degli attacchi ma la mattina seguente saranno sopraffatti in ritirata.

The soldiers of the League attempt a desperate resistance against heavy attacks of the imperial cavalry and infantry. Reject most of the attacks, but the next morning will be overwhelmed during his retreat.

CORTENUOVA CAMPAIGN

Step 1 In early November the emperor encamped on the right bank of the Oglio river, in Pontevico, 17 km north of Cremona, awaiting the enemy moves.
The Lombards instead put their camp between the army of Frederick II and Brescia at Manerbio, just north of Pontevico. The choice of the location, firmly anchored on a marshy ground and protected by the Risignolo stream, confirmed the purely defensive strategy of the league army, who only cared to elude the collision and protect its strongholds, long enough to reach the end of the war season , which was already quite advanced.

Step 2 Then the emperor did just what opponents expected: he raised his field of Pontevico, and on November 23 he crossed the river and went to the Ghibelline territory, thus giving the impression he wanted to end the campaign. To reinforce his secret plan he came even to dismiss the military contingents of the Lombard cities, thus depriving himself of at least a third of the army. For the army of the league these two facts were sufficient evidence to induce them to demobilize and return to Milan. Hence they marched and reached Lograto first and then the area of Pontoglio and Palazzolo, where the presence of a stone bridge allowed the smooth and sure passage of the army. Meanwhile Frederick remained in the area, taking on the stronghold of Soncino. From there he kept Cortenuova under observation, a place which represented an obligatory route to Milan, once the army had crossed the Oglio river. Furthermore, the Emperor counted on his allies of Bergamo to close the enemies in a deadly pincer.

Step 3 Then the Guelph army entered the trap set by the Emperor. Once in Cortenuova, they finally realized that the imperial army was there waiting for them, while to the north the presence of troops from Bergamo, allied to Frederick II had already been reported. The battle of Cortenuova thus began.

THE BATTLE OF CORTENUOVA

Step 1 (from 3.00 pm to about 4.00 pm)
1) From the castle of Cividate, some imperial troops control the large plain and alert Frederick II of all movements of Guelph army, indicating, with smoke signals, the best time to attack the enemy camp in Cortenuova.
2) The imperial army launched his attack with the infantry in the center and the cavalry who burst first on the east-west of the camp of the League.
3) The soldiers of the Lombard League are caught unprepared, thus offering only a weak resistance. Someone retires to the castle of Cortenuova where are the Carroccio and their cavalry.
4) The army of Bergamo goes south from Martinengo in order to surround the army of the Lombard League.

Step 2 (from 4.00 pm to 5.00 pm)
1) The imperial troops continue the attack against the Carroccio and the cavalry positioned to defend behind the moats.
2) The Milanese desperately resist all the assaults and the onset of fog and night advised the imperials to desist in combat, retreating into what was the enemy camp, where waiting until the next day to give the final blow to the enemy.
3) The soldiers of Pontoglio, who were not involved in the clash, retreat to the north where, with a difficult march through the mountains, will be able to save themselves and return to Milan.
4) The survivors of the Lombard League will attempt an impossible retreat during the night between November 27 and 28, but most of them were killed and captured during the next day.

CRONOLOGIA

1194 26 dicembre: nasce a Jesi nelle Marche Federico II Hohenstaufen.
1197 28 settembre: muore l'imperatore Enrico VI.
1201: Ottone IV di Brunswick viene eletto imperatore con la promessa di non unire il regno di Sicilia al resto dell'impero.
1208 26 dicembre: Federico II viene eletto re di Sicilia.
1210: Ottone IV viene scomunicato e deposto da Innocenzo III e gli viene contrapposto Federico II come candidato all'impero.
1214 27 luglio: battaglia di Bouvines.
1215: Federico II viene eletto imperatore.
1225 luglio: trattato di San Germano, l'imperatore si impegna alla crociata entro due anni.
1226: dieta di Cremona.
6 marzo: rinnovo del giuramento della Lega Lombarda a San Zenone al Mozzo presso Mantova con i comuni di Milano, Brescia, Mantova, Treviso e Bologna.
1227 18 marzo: muore papa Onorio III e il giorno successivo viene eletto Gregorio IX.
9 settembre: il tentativo di partire per la crociata fallisce a Brindisi per un epidemia.
19 settembre: alleanza tra Milano e Vigevano che ha il fine di garantire il passaggio del Ticino.
29 settembre: prima scomunica di Federico II.
1228: creazione della Società dei Forti.
Enrico VII, figlio di Federico, viene eletto re di Germania.
23 marzo: conferma della scomunica di Federico II.
1229: Federico II re di Gerusalemme.
1231 gennaio: emanazione da parte di Federico II della Constitutio haereticos Lombardiae che prevede il rogo per gli eretici.
Giugno: Milano e i suoi alleati invadono il Monferrato e s'impadroniscono delle navi armate sul Po.
1233: a Milano si diffonde il movimento dell'Alleluia.
1234: alleanza tra Enrico VII e Milano.
1235: dopo la morte di Nazario, vescovo cataro di Concorezzo, la chiesa catara di Milano viene in parte riassorbita dai cattolici.
Federico II sposa Isabella d'Inghilterra, sorella del re Inglese.
Novembre: si rinnova il giuramento della Lega Lombarda a Brescia con Milano città egemone e le città di Faenza, Bologna, Padova, Treviso, Como, Alessandria, Novara, Lodi e Ferrara, oltre la stessa Brescia.
1236 agosto: Federico II si trova a Verona per muovere guerra ai Lombardi.
1237 febbraio: Ezzelino da Romano è il nuovo signore di Padova.
Ottobre: presa di Montichiari.
10 novembre: stallo delle operazioni davanti al torrente Risignolo
22 novembre: l'esercito imperiale finge di ritirarsi su Cremona.
27 novembre: battaglia di Cortenuova.
1238: Lodi, Vercelli si staccano dalla Lega.
Luglio - ottobre: assedio di Brescia.
1239 20 marzo: scomunica definitiva di Federico II.
Ottobre: sconfitta imperiale contro i Milanesi alla battaglia del "Fosson Morto" presso Morimondo.
1241 aprile: resa di Faenza alle truppe di Federico II.

3 maggio:	battaglia dell'isola del Giglio.
22 agosto:	muore Gregorio IX.
1243:	Innocenzo IV eletto papa.
1245 28 giugno:	si apre il concilio di Lione dove Federico II viene deposto da imperatore.
1248 18 febbraio:	battaglia di Parma.
1249:	re Enzo viene catturato dai Bolognesi presso Fossalta.
1250 17 dicembre:	morte di Federico II a Castel Fiorentino.
1252:	ultimo incontro della Lega Lombarda a Brescia.

BIBLIOGRAFIA

Riccardo Caproni, *La Battaglia di Cortenova*. Cassa Rurale ed Artigiana di Covo
Kantorwicz, Ernst H. *Federico II imperatore*, Milano Garzanti 1988
Horts Eberhard, *Federico II di Svevia*. Milano Rizzoli 1981
Abulafia, David. *Federico II : un imperatore medievale*. Torino Einaudi 1993
La Lombardia dei Comuni. Milano Electa 1988
Milano e la Lombardia in età comunale. Silvana Editoriale
Marco Brando, *Lo strano caso di Federico II di Svevia*, Palomar 2014
Mariateresa Fumagalli Beonio Brocchieri, *Federico II ragione e fortuna*, Laterza
Paolo Grillo, *Velut leena rugiens. Brescia assediata da Federico II (luglio-ottobre 1238)*, Estratto da Reti Medievali Rivista, VIII - 2007
A. Settia, *Rapine, assedi, battaglie*, Laterza
P. Chiesa, *Le cronache medievali di Milano*, Pubblicazioni dell'Università Cattolica (Milano)
A. Barbero, C. Frugoni, *Dizionario del Medioevo*, 1994 Edizioni Laterza
François Menant, *Lombardia feudale: studi sull'aristocrazia padana nei secoli X-XIII*, Vita e Pensiero (Milano 1992)
G. Amatuccio, *Mirabiliter pugnaverunt. L'esercito del Regno di Sicilia al tempo di Federico II*, Editoriale Scientifica
P. Giudici, *Storia d'Italia*, Nerbini
Storia Mondiale Cambridge, Garzanti
Storia d'Italia, Einaudi
C. Gravett, *German medieval armies 1000-1300*, Osprey Military
D. Nicolle, *Italian medieval armies 1000-1300*, Osprey Military
D. Nicolle, *Italian militiaman 1260-1392*, Osprey Military

Araldica
Goffredo di Crollalanza, *Dizionario Storico – Blasonario*. Arnaldo Forni Editore
Goffredo di Crollalanza, *Enciclopedia Araldico-Cavalleresca*.Arnaldo Forni Editore (1980)
Codice Trivulziano n°1390. Fondo Trivulziano Biblioteca Castello Sforzesco Milano.

"Ed ora esulti il capo del Romano Impero e per la vittoria di tanto principe si rallegri il mondo intero. Arrossisca di vergogna l'illegale lega dei Lombardi, sia scompigliata la follia del ribelle, e i popoli nemici siano presi da terrore per una così micidiale strage".

Federico II

TITOLI PUBBLICATI - ALREADY PUBLISHING